新兴信息技术与实体经济融合发展路径研究

武 健 李 琳 陈畴镛 朱 斌 等 著

本书受国家社会科学基金青年项目
"推进互联网、大数据、人工智能与中小企业深度融合的模式与路径研究"（18CGL013）资助

科学出版社

北 京

内 容 简 介

当前,在我国推进互联网、大数据、人工智能与实体经济深度融合的背景下,本书重点研究如何利用新兴信息技术推动中小企业转型升级和经济高质量发展,以及物联网、区块链、人工智能等新兴信息技术的应用及产业化等问题。本书的研究成果包括在国内外期刊发表的学术论文和获得省部级领导批示及相关部门采纳的调研咨询报告,相关内容为推动新兴信息技术与实体经济的深度融合发展提供了新思路、新模式与新路径。

本书适合区域经济学、产业经济学、数字化改革相关领域的学者、研究人员或学生,以及对区域经济、城市经济、数字化改革感兴趣的一般读者参考阅读。

图书在版编目(CIP)数据

新兴信息技术与实体经济融合发展路径研究/武健等著. —北京:科学出版社,2022.12

ISBN 978-7-03-068605-3

Ⅰ. ①新… Ⅱ. ①武… Ⅲ. ①中国经济–经济发展–研究 Ⅳ. ①F124

中国版本图书馆 CIP 数据核字(2021)第 067598 号

责任编辑:魏如萍 张春贺 / 责任校对:贾娜娜
责任印制:张 伟 / 封面设计:无极书装

科 学 出 版 社 出版
北京东黄城根北街 16 号
邮政编码:100717
http://www.sciencep.com

北京中科印刷有限公司 印刷
科学出版社发行 各地新华书店经销

*

2022 年 12 月第 一 版 开本:720×1000 1/16
2022 年 12 月第一次印刷 印张:13 1/2
字数:272 000
定价:160.00 元
(如有印装质量问题,我社负责调换)

序　言

党的十九大报告明确指出："建设现代化经济体系，必须把发展经济的着力点放在实体经济上，把提高供给体系质量作为主攻方向，显著增强我国经济质量优势。加快建设制造强国，加快发展先进制造业，推动互联网、大数据、人工智能和实体经济深度融合，在中高端消费、创新引领、绿色低碳、共享经济、现代供应链、人力资本服务等领域培育新增长点、形成新动能。"党的二十大报告提出："推动战略性新兴产业融合集群发展，构建新一代信息技术、人工智能、生物技术、新能源、新材料、高端装备、绿色环保等一批新的增长引擎。"在当前面临百年未有之大变局的形势下，只有牢牢把握信息经济、数字经济发展的窗口期，进一步推进新兴信息技术与实体经济深度融合，加快实体经济数字化转型升级，培育经济发展新动力，才能为我国实体经济发展和竞争力的提升提供强力支撑。近些年来，各地方、各部门深入落实党中央、国务院部署决策，不断推进数字产业化和产业数字化，推动我国数字经济发展连续多年位居世界前列，以数据为关键要素的数字经济已经成为高质量发展的新引擎、新动能。

该书立足于世界百年未有之大变局、国内外经济发展发生深刻变化的时代背景之下，积极响应党和国家关于加快产业升级、不断推动数字产业化和产业数字化的研究命题，聚焦以新兴信息技术推进我国实体经济发展面临的现实问题，特别是中小企业转型升级中的若干重大问题，武健、李琳等通过深入基层一线实事求是的调查研究，充分采集数据，撰写了一系列具有理论创新性的学术论文和具有针对性、可操作性的研究报告，为我国实体经济和中小企业数字化转型升级提供智力支持。

该书是国家社会科学基金青年项目"推进互联网、大数据、人工智能与中小企业深度融合的模式与路径研究"所取得相关研究成果的集成，围绕新兴信息技术与实体经济融合发展若干问题展开，包括一系列具有一定理论创新的学术论文和对区域实体经济发展具有政策价值的研究报告，相关研究成果得到省部级领导的肯定性批示和政府部门的采纳应用，为推动我国实体经济和地方经济高质量发展提供了新思路、新模式和新路径，具有较高的理论研究价值和实践意义。

中国工程院院士

前　言

本书是国家社会科学基金青年项目"推进互联网、大数据、人工智能与中小企业深度融合的模式与路径研究"（18CGL013）的研究成果。

当今世界正经历百年未有之大变局，国内外经济发展环境正在发生深刻变化。国际环境日趋复杂，经济全球化遭遇逆流，一些国家单边主义、保护主义盛行，突如其来的新冠疫情更是加剧了大变局的演变；国内已进入高质量发展阶段，经济发展前景向好，同时正处于转变发展方式、优化经济结构、转换增长动力的攻关期，发展不平衡不充分问题仍然突出，实现高质量发展还有许多短板弱项。当前，全球新一轮科技革命和产业变革的兴起与我国产业转型升级形成历史性交汇。我们必须胸怀"两个大局"，深刻认知中国所处的新的历史方位，充分把握新一代信息技术与实体经济融合发展的趋势和机遇，加快推进实体经济数字化转型进程，促进我国产业向全球价值链中高端迈进。

（1）当前，世界正在进入以信息经济、数字经济为主导的经济发展时期，推进新兴信息技术持续向实体经济领域融合渗透，加快传统产业数字化转型已成为以美国、德国、英国、日本为代表的发达国家的普遍共识和共同选择。美国启动"国家制造创新网络计划""先进制造伙伴计划"等，大力建设国家制造业创新中心，帮助企业融入工业互联网；德国制定了"数字德国 2015""数字议程""数字化战略 2025"等，依托工业 4.0 战略打造中小企业数字化能力发展中心；英国制定"数字经济战略""数字宪章""现代工业战略"，借助政府主导的大数据开放共享和信息经济多领域公私企业合作，激励中小企业数字化发展；日本启动第四次工业革命，制定《日本制造业白皮书》，启动"工业价值链计划"，推进日本整体经济结构性改革和转型升级。2020 年亚太经济合作组织（Asia-Pacific Economic Cooperation，APEC）第 27 次领导人非正式会议，宣布完成茂物目标，并制定了 2040 年 APEC 布特拉加亚愿景，致力于打造开放、活力、强劲、和平的亚太共同体。在数字经济方面，APEC 将推动数字经济新业态新模式发展。2020 年 12 月 15 日下午，APEC 中小企业工商论坛在深圳顺利闭幕，论坛广泛采纳和梳理了主论坛和平行论坛对 APEC 中小企业发展的意见和建议，形成了论坛建议书，主要包括七个方面的内容，其中一项是推动数字经济发展和人工智能（artificial intelligence，AI）赋能，助力企业转型升级。论坛建议书呼吁 APEC 各成员经济体积极推进企业数字化转型和人工智能赋能，以更低的成本和更便捷的方式帮助企业适应数字化应用场景。

（2）党中央和国务院高度重视信息技术与实体经济融合发展问题。新兴信息技术为我国优化产业发展布局、加快产业转型升级、构建全球领先的产业体系提供了难得的契机，为中华民族伟大复兴带来了难得的机遇。党的十九大报告明确提出，推动互联网、大数据、人工智能和实体经济深度融合，党的二十大报告提出，推动战略性新兴产业融合集群发展，这是党中央立足全局、着眼长远作出的重大战略决策。在国内国际"双循环"相互促进的新发展格局下，推进互联网、大数据、人工智能等新兴信息技术与实体经济融合发展，有助于构建形成以数据为核心驱动要素的新型工业体系，改善产业结构、增强转型动力，提高资源配置效率和全要素生产率，实现"内循环"发展内生动力和活力的根本性变化，促进"外循环"竞争力的良性发展和持续提高。在当前面临百年未有之大变局的形势下，只有牢牢把握信息经济、数字经济的窗口期，进一步推进新兴信息技术与实体经济深度融合，加快实体经济数字化转型升级，培育经济发展新动力，才能为我国实体经济发展和竞争力提升提供强力支撑。推进新兴信息技术和实体经济的深度融合，推动实体经济向网络化、数字化、智能化方向转型，对于加速我国制造强国与网络强国建设，实现经济高质量发展具有十分重要的意义。

（3）当今世界正经历百年未有之大变局，以5G、人工智能、云计算、大数据、新能源、数字经济、共享经济等为代表的新一轮科技革命和产业变革方兴未艾，国际力量对比深刻调整，以智能制造为引领的全球制造业变革已经成为新一轮全球产业竞争的焦点。美欧发达国家纷纷以振兴制造业作为重振实体经济、走出经济危机困境的重要抓手，通过实施再工业化战略、工业4.0战略、工业互联网战略等推进制造业智能化，力图在新一轮产业革命中占据竞争制高点。当前我国制造业正处于由大变强、爬坡过坎的关键阶段，我国实体经济发展一方面面临发达国家重振制造业的挑战，另一方面面临着发展中国家低成本制造竞争的挑战。发达国家在积极推出振兴制造业的战略或计划的同时，对我国芯片、集成电路、高端软件等"卡脖子"技术的封锁力度加大。抓住新科技革命和产业变革的契机，将新兴信息技术和智能制造技术融入传统制造业的产品研发、设计、制造过程，改造传统生产模式和服务业态，推动传统生产方式和商业模式变革，推动传统产业转型升级，对培育经济发展新动能，构建自主可控的产业体系，加速我国制造强国与网络强国建设，实现经济高质量发展具有决定性意义。

因此，当前和未来一段时期，是我国实体经济转型升级和提升国际竞争力的攻坚时期。我国如果能顺利加快推进实体经济转型升级，就能为经济高质量发展提供强大内生动力，推动中国经济社会进入良性发展轨道；如果错失信息经济、数字经济的重要战略机遇期，不仅会大大增加我国产业链的安全风险，也会影响我国社会主义现代化强国建设进程。

我们主持承担的国家社科基金青年项目，正是聚焦以新兴信息技术推进我国实体经济，特别是中小企业转型升级中的若干重大问题，通过深入基层一线实事求是的调查研究，充分采集数据，撰写了一系列具有针对性和可操作性的研究报告与学术论文，力争为中国实体经济和中小企业数字化转型升级提供智力支持。本书中的一些调研咨询报告已经得到浙江省委、省政府领导人的批示，并被省发展和改革委员会（简称发改委）、省经济和信息化厅（简称经信厅）、省科学技术厅（简称科技厅）、农业农村厅等相关省级政府部门采纳，一些学术论文也被国内外高级别期刊录用发表，为政府决策和实体经济高质量发展提供了新思路、新模式与新路径。

本书主要围绕新兴信息技术与实体经济融合发展若干问题展开，具体参加本书撰写的成员有（以章节为序）：第 1 章主要分析了发达国家推进新兴信息技术与中小企业融合的模式，以及对我国的经验启示，由武健、李琳、王思逸、陈新峰等完成；第 2 章采集部分案例对我国中小企业基于新兴信息技术的创业模式进行研究，由钱升、武健、陈新峰、王思逸等完成；第 3 章根据课题调研研究，提出以新兴信息技术推进农村电子商务转型升级的对策建议，由武健、李琳、朱斌等完成；第 4 章为以数字化赋能推动中小企业转型升级，由陈畴镛、潘亚岚、武健等完成；第 5 章研究提出以开发区（园区）数字化改造推进中小企业转型升级的对策建议，由陈畴镛、刘淑春、王雷等完成；第 6 章研究提出基于"互联网+"推动供给侧结构性改革的对策建议，由周青、武健完成；第 7 章研究提出以数字经济为主导推动面向"一带一路"的制造业标准化，由周青、武健、禹献云等完成；第 8 章研究提出以互联网+人工智能驱动信息经济发展的对策建议，由王雷、陈畴镛完成；第 9 章研究如何以数字创新生态系统提升核心企业绩效，由杨伟、刘健、武健完成；第 10 章为基于混合蚁群算法的柔性作业车间调度问题研究，由武健、吴光东、王俊娟、肖凤军完成；第

11 章为基于物联网的智能公交系统设计,由雒兴刚、张忠良、武健等完成;第 12 章研究提出做大做强物联网产业,提升城市竞争力的对策建议,由陈畴镛、武健完成;第 13 章为用区块链做好疫情网络舆情风险防范,由朱斌、武健等完成;第 14 章为用区块链和大数据健全重大突发事件舆情治理体系,由武健、朱斌、肖凤军等完成;第 15 章分析了国内外人工智能产业发展的经验及启示,由武健、陈畴镛完成;第 16 章研究了国内外人工智能关联产业发展经验和启示,由武健、王雷完成;第 17 章研究美国人工智能发展战略及启示,由武健、陈畴镛等完成;第 18 章研究提出加快抢占人工智能产业制高点的思路和对策,由陈畴镛、周青、王雷等完成。本书在调研、研究和撰写过程中,得到全国哲学社会科学工作办公室、国家自然科学基金委员会管理科学部、浙江省哲学社会科学规划办公室、浙江省科技厅、浙江省教育厅、浙江省农业农村厅、杭州电子科技大学等有关部门与领导的指导和关怀,使得本书数据充实,内容丰富,在此一并表示诚挚的感谢!书中难免有不妥之处,请各位读者批评指正。

目 录

第1章 发达国家推进新兴信息技术与中小企业融合的模式 ………… 1
  一、国内外相关研究现状 …………………………………………… 1
  二、发达国家推进新兴信息技术与中小企业融合的代表性模式 … 6
  三、对我国的启示 ………………………………………………… 11

第2章 基于新兴信息技术的中小企业创业模式研究 ………………… 15
  一、互联网+服务类创业模式 ……………………………………… 15
  二、大数据类创业模式 …………………………………………… 26
  三、智能硬件类创业模式 ………………………………………… 36

第3章 以新兴信息技术推进农村电子商务转型升级 ………………… 42
  一、农村电商发展现状与模式 …………………………………… 42
  二、农村电商发展面临的主要问题 ……………………………… 44
  三、以新兴信息技术优化农村电商发展的对策建议 …………… 46

第4章 以数字化赋能推动中小企业转型升级 ………………………… 50
  一、用数字化赋能疫情下的中小企业 …………………………… 50
  二、加快推进中小企业数字化转型 ……………………………… 52
  三、培育壮大数字经济新产业、新业态、新模式 ……………… 54

第5章 以开发区（园区）数字化改造推进中小企业转型升级 ……… 56
  一、加快开发区（园区）数字化改造的现实需要 ……………… 56
  二、浙江省开发区（园区）数字化改造中存在的问题 ………… 57
  三、加快开发区（园区）数字化改造、推动中小企业转型的
    对策建议 ……………………………………………………… 59

第6章 基于"互联网+"的供给侧结构性改革 ………………………… 63
  一、"互联网+"对供给侧结构性改革的作用 …………………… 63

二、浙江省供给侧存在的问题 ·· 64
三、"互联网+"促进供给侧结构性改革的着力点 ···················· 67
四、强化"互联网+"推进供给侧结构性改革的对策建议 ········ 67

第7章　以数字经济为主导推进"标准化+"行动 ······················ 71
一、面向"一带一路"加快浙江制造"标准化+"的重要意义 ···· 71
二、面向"一带一路"推进浙江制造"标准化+"的成效与
不足 ·· 72
三、制造业标准化建设的国际经验借鉴 ···································· 74
四、以数字经济为主导加快浙江制造"标准化+"的新思路、
新举措 ·· 75
五、以数字经济为主导加快浙江制造"标准化+"的建议 ········ 77

第8章　以互联网+人工智能驱动信息经济发展 ························· 79
一、互联网+人工智能的特点与发展趋势 ·································· 79
二、互联网+人工智能对信息经济的驱动作用 ·························· 81
三、以互联网+人工智能驱动杭州信息经济发展的重点领域 ···· 84

第9章　以数字创新生态系统提升核心企业绩效 ······················· 88
一、理论背景 ·· 89
二、研究设计 ·· 93
三、实证研究与结果 ·· 100
四、结论 ·· 104

第10章　基于混合蚁群算法的柔性作业车间调度问题研究 ······ 107
一、研究基础 ·· 107
二、FJSP 介绍 ·· 108
三、算法设计 ·· 110
四、案例研究 ·· 112
五、结论 ·· 114

第11章　基于物联网的智能公交系统设计 ································ 115
一、研究基础 ·· 116

二、基于物联网的公共交通系统框架与调度控制系统 ………… 117
　　三、数学模型及求解算法 …………………………………………… 122
　　四、评价和实验结果 ………………………………………………… 128
第12章　做大做强物联网产业，提升城市竞争力 ………………… 138
　　一、杭州市物联网产业发展现状与存在的问题 ………………… 138
　　二、国内领先城市发展物联网产业的做法与经验 ……………… 139
　　三、进一步做大做强物联网产业，提升杭州城市竞争力 ……… 141
第13章　用区块链做好疫情网络舆情风险防范 …………………… 144
　　一、疫情期间网络舆情风险防范存在的问题 …………………… 144
　　二、相关经验借鉴 …………………………………………………… 146
　　三、用区块链做好网络舆情引导的对策和建议 ………………… 147
第14章　用区块链和大数据健全重大突发事件舆情治理体系 … 149
　　一、重大突发事件舆情治理存在的问题 ………………………… 149
　　二、用区块链健全重大突发事件舆情治理体系 ………………… 151
　　三、用区块链和大数据提高网络舆情治理能力 ………………… 153
　　四、用区块链和大数据加强网络舆情风险防控 ………………… 155
第15章　国内外人工智能产业发展模式 …………………………… 157
　　一、国内外领先城市人工智能产业发展的主要模式 …………… 157
　　二、杭州人工智能产业发展的基础与存在不足 ………………… 162
　　三、对杭州人工智能产业发展模式的建议 ……………………… 164
第16章　国内外人工智能关联产业发展的经验及启示 …………… 167
　　一、发达国家人工智能关联产业发展模式 ……………………… 167
　　二、国内人工智能关联产业发展的主要做法 …………………… 171
　　三、对我国的启示 …………………………………………………… 174
第17章　美国人工智能发展战略及启示 …………………………… 176
　　一、美国白宫发布人工智能报告的概况 ………………………… 176
　　二、美国政府支持发展人工智能的主要策略与政策 …………… 177
　　三、对杭州制定人工智能战略的建议 …………………………… 179

第18章　加快抢占人工智能产业制高点的思路与对策 ………… 181
　　一、人工智能的发展方向 ……………………………… 181
　　二、杭州发展人工智能产业的优势 …………………… 186
　　三、杭州人工智能产业的发展重点 …………………… 189
　　四、加快培育杭州人工智能产业制高点的对策 ……… 192
参考文献 ………………………………………………… 196

第1章　发达国家推进新兴信息技术与中小企业融合的模式

当前互联网、大数据、人工智能与中小企业的融合已经成为全球瞩目的热点和难点问题。APEC 于 2017 年 12 月成立中小企业信息化促进中心，呼吁提升中小企业信息化水平，破解中小企业发展难题。近几年，发达国家在互联网、大数据、人工智能与中小企业融合问题上频频发力：美国启动"国家制造创新网络计划"，大力建设国家制造业创新中心，以帮助中小企业快速融入工业互联网；德国实施"中小型企业数字化改造计划"，依托工业 4.0 战略打造中小企业数字化能力发展中心；日本以中小企业为突破口启动"工业价值链计划"；英国"数字经济战略"借助政府主导的大数据开放共享和信息经济多领域公私企业合作，激励中小企业数字化发展。我国中小企业信息化水平普遍滞后，还未能充分利用互联网、大数据、人工智能的技术红利实现竞争力的提升。如何构建合适的路径和机制推动互联网、大数据、人工智能与我国中小企业深度融合，驱动小企业数字化转型升级，是培育新动能、实现我国实体经济高质量发展亟待解决的问题。

一、国内外相关研究现状

当前，学界围绕"信息技术与企业融合"这一主题展开了一系列研究。笔者对搜集到的 2020 年以前的国外文献 355 篇、国内文献 773 篇进行分析，认为该领域研究主要包括以下几方面的内容（表 1-1）。

表 1-1　国内外主要研究现状

内容	主要观点	代表性学者
内涵	企业通过利用信息技术及相关资源，对内外部进行一系列改革创新，提升企业竞争优势。 （1）企业内部，即利用信息技术及资源对企业的管理、战略、组织、业务流程的变革和创新； （2）企业外部，即利用信息技术及资源对外部环境、外部资源进行整合，优化重组价值链结构，重构与客户和外部利益相关者的关系，推动跨领域、跨区域合作和技术跨越等。	Ragin（2000 年）、Moore（1993 年）、付沙（2008 年）、余伟萍和崔苗（2003 年）、张爽和张阳（2006 年）、郭庆然（2009 年）、刘炜等（2013 年）、王保云（2009 年）、吴凤羽和许焱（2006 年）、吴晓波等（1994 年）、毛弘毅和张金隆（2014 年）、陈光勇和张金隆（2003 年）、Rohrbeck 等（2009 年）
模式路径	（1）企业层面，分为技术融合、业务融合、管理融合、市场融合、制度融合等； （2）产业层面，分为推动制造业的信息化建设、培育信息技术与传统产业融合的新业态、推进传统商业模式的信息化改造、培育新型商业模式等； （3）区域层面，分为企业-产业互动模式、区域集群模式、挑战-应对模式、雁行模式、政府主导模式等。	Pope（1980 年）、周宏仁（2008 年）、龚炳铮（2008 年）、李欢等（2011 年）、胥军（2008 年）、张劲（2010 年）、陶长琪和齐亚伟（2009 年）、谢康（2010 年）、李琳（2008 年）、张彬（2010 年）、刘晓明（1996年）、Moore（1993年）、金江军（2012 年）、肖静华等（2011 年）、王大林和杨蕙馨（2016 年）、刘冰（2006 年）、Nuzzolo 和 Comi（2016 年）、徐险峰（2004 年）、周振华（2008 年）、Schneide 和 Wagemann（2012 年）、肖静华和谢康（2009 年）、张堃（2012 年）
影响因素	（1）系统视角，包括动力因素、支撑因素、环境因素等； （2）范围视角，包括宏观因素、中观因素、微观因素等； （3）内外部视角，包括企业内部因素，外部政府因素、制度因素、环境因素、产业因素等。	Youndt 等（2004 年）、吴胜武（2009 年）、席丹和胥军（2008 年）、王晰巍等（2010 年）、Yoo 等（2010 年）、蔡跃洲和陈楠（2019 年）、石赟等（2000 年）、史炜等（2010 年）、杨洵（2014 年）、尤骁（2015 年）、张戈和邵云霞（2011 年）
评价方法	（1）指数评价法，包括信息化指数法、赫芬达尔指数等； （2）基于融合度测量的指标体系评价法，包括融合的广度、深度及融合的效益，或融合的就绪度、成熟度、贡献度； （3）基于信息化水平测量的指标体系评价法，包括信息化质量、系统建设水平、系统应用水平、信息化环境、效益指标等。	Shaw 和 Allen（2016 年）、张星（2012 年）、Fransman（2010 年）、俊正和付丽丽（2009 年）、陈庆江等（2016 年）、Fiss（2011 年）、蔡自兴（2016 年）、李玫（2009 年）、尹睿智（2010 年）

续表

内容	主要观点	代表性学者
推进政策	（1）宏观政策，主要围绕宏观调控、法律制度、创新激励、保障措施、信用与安全、投融资体系等视角提出； （2）中观政策，主要围绕产业政策、区域政策、区域产业重组、产业价值链重构、区域创新网络优化等视角提出； （3）微观政策，主要围绕企业设计、研发、生产、服务、管理、安全等环节的信息化改造等视角提出。	陈柳钦（2007年）、杨学山（2008年）、马健（2008年）、李毅中（2008年）、许光鹏和郑建明（2011年）、王金杰（2008年）、肖静华等（2006年）、金江军（2007年）、刘立娜和于渤（2017年）、郑晔和钟昌标（2002年）、胡祥培（2015年）、张群洪等（2009年）、吴建南和孔晓勇（2008年）、张康之和向玉琼（2014年）、刘佳（2011年）

1. 内涵

信息技术引发了现代企业管理范式的根本性变革（吴晓波等，1994），信息技术与企业的融合指企业利用信息技术及相关资源，进行内外部改革创新，提升竞争优势（Ragin，2000；Rohrbeck et al.，2009）。企业内部，主要利用信息技术，从战略、管理和操作三个层面进行内部改革创新（张爽，张阳，2006），调整企业战略、重组业务流程、优化组织结构、推动企业创新、完善售后服务（付沙，2008），进而实现企业的经营理念、战略逻辑和企业文化的互联网化转变（郭庆然，2009）。外部融合是指信息技术通过改变行业结构、创造新的竞争方法或者新的商业模式来影响商业活动（Moore，1993）。信息技术的强外溢性推动了企业经营环境的快速变化（吴凤羽，许焱，2006），推进了产业价值链结构的优化重组，重构了企业与客户及外部利益相关者之间的关系（余伟萍，崔苗，2003），强化了供应链成员间的合作以及跨区域、跨产业的联合发展（张群洪等，2009），实现了后发企业的技术变革和对领先企业的技术性跨越（刘立娜，于渤，2017）。

2. 模式及路径

企业层面，Pope（1980）提出了包括初始阶段、扩展阶段、控制阶段、集成阶段、数据阶段和成熟阶段的信息系统进展模型，随后许多学者在此基础上展开了对信息化阶段、模式和路径的研究。信息技术与企业的融合一般经过基础层向业务层再向战略层的发展路径（肖静华等，2011），从信息技术应用视角可以划分为基础设施建设、独立应用、复合应用以及协同创新等几个阶段（工信部，2020），从融合领域视角可以划分为技术融合、业务融合、管理融合、市场融合等几个阶段（Moore，1993），对应着技术融合、业务融合、管理融合、市场融合等几种模式（周鹏，2011）。

产业层面，信息化技术驱动了产业业态变迁，通过推动传统制造业的信息化建设、推进传统商业模式的信息化改造、培育产业融合的新业态、培育商业发展新模式等几种途径（周宏仁，2008），重构了传统的产业生态系统，甚至产生了"新产业生态系统"（王大林，杨蕙馨，2016）。

区域层面，信息技术作为一种要素对区域经济发展的影响越来越重大（郑晔，钟昌标，2002），信息交易费用的急剧衰减影响了企业集群治理合约，进而影响区域集群网络结构的变化（刘冰，2006）。从不同的研究视角可将信息技术与企业在区域层面的融合模式分为企业-产业互动模式、区域集群模式、挑战-应对模式、雁行模式、政府主导模式等（金江军，2012）。

3. 影响因素

从不同研究视角，可以对影响信息技术与企业融合的因素进行不同维度的划分。从系统研究的视角可以将影响因素分为动力因素、支撑因素、环境因素（吕永卫，巴利伟，2014）。从研究范围视角可以将影响因素分为宏观因素、中观因素、微观因素（朱婧，2012）。大部分学者通常将信息技术与企业融合的影响因素划分为内部因素和外部因素。企业内部专业化人才、信息化投入、企业战略导向、企业员工接受度、基础设施信息化程度等都对融合产生了较大影响。外部因素包括 IT 技术进步、基础设施建设、政府、相关产业中介服务体系、公共服务平台、产业链协同发展要求、专业化人才池、支撑环境、创新氛围等（胥军，2008）。

4. 评价方法

指数评价法包括信息化指数法、赫芬达尔指数、行业专利数（Youndt et al.，2004）、产品销售额等。

一部分评价指标体系的构建是基于融合度评价的视角，如根据融合的广度、深度及融合的效益，或根据融合的就绪度、成熟度、贡献度，设计指标体系测度融合水平（龚炳铮，2008；张星，2012）。

另一部分评价指标体系的构建是基于企业信息化水平评价的视角，如企业的信息化质量、协调系统建设水平、系统应用水平、信息化环境、效益指标等（中华人民共和国工业和信息化部，2020；李玫，2009；尹睿智，2010）。

5. 推进政策

宏观政策主要围绕宏观调控、法律制度、创新激励、风险防范、信用体系建设、安全保障、投融资体系等内容提出宏观引导思路以及推进工程和措施（许光鹏，郑建明，2011；王金杰，2008）。中观政策主要围绕区域和产业提出激励性政策，设计推动区域产业重组、区域创新网络优化和产业价值链重构的具体措施和方法（肖静华，2007）。微观政策主要围绕企业管理方式的转变和转型升级，提出企业设计、研发、生产、服务、管理、安全等环节的信息化改造措施（金江军，2009）。

目前，国内外对信息技术与企业融合的研究已经取得了较为丰硕的成果，其中模式、影响因素和评价方法是学者研究的重点。但目前大部分研究对象是国民经济、区域经济、特定产业或特定区域内的企业，对中小企业的细分研究成果相对较少。最新的相关研究呈现出三个热点：一是在当前中小企业生存条件日趋恶劣的环境下，如何利用互联网、大数据、人工智能推进中小企业转型；二是新常态下我国面临着许多新问题、新局面，如何设计适用于我国当前国情的融合路径；三是如何建立推进机制与保障机制，切实推进互联网、大数据、人工智能与中小企业的深度融合。

二、发达国家推进新兴信息技术与中小企业融合的代表性模式

国外发达国家较早推动企业与互联网、大数据、人工智能的融合，并获得了一系列成功经验。美国国家制造创新网络计划、德国数字化战略2025、《英国工业2050战略》、日本第四次工业革命与《中国制造2025》等战略侧重点不同，但本质上都是通过新兴信息技术融合、改造和提升传统制造业，获取领先优势，在新一轮科技创新较量中占据产业制高点。

1. 主要支撑战略

美国高度重视企业信息化，早在1992年就发布了信息高速公路战略，将"国家信息基础设施"作为美国未来新型社会资本的核心，以刺激国内经济发展、增加就业机会、保持或夺回美国在重大关键技术领域的国际领先地位。1993年和1995年美国又分别制订了先进制造技术计划、敏捷制造使能技术战略计划，目标是研究开发世界领先的先进制造技术，以满足美国制造业对先进制造技术的需求，提高制造业的竞争力。2004年，美国提出下一代制造技术计划，加速开发实施具有突破性的制造技术。2008年和2012年，美国又分别发布数字经济战略、大数据战略和国家制造创新网络计划。2012年，美国提出数字政府战略，要求政府机构建立一个21世纪的平台，让民众随时随地利用

任何设备就可以获取高质量的数字化服务，更好地服务美国人民。2015年11月，美国商务部发布《数字经济议程》，把发展数字经济作为实现繁荣和保持竞争力的关键。2016年，美国制定《美国国家人工智能研究与发展策略规划》，扩大公私合作伙伴关系，加速人工智能的发展，并发布《联邦大数据研发战略计划》，提出了聚焦新型技术、数据质量、基础设施、共享价值、隐私安全、人才培养和加强合作七大战略，力图构建有活力的国家大数据创新生态系统。2018年，美国先后发布了《数据科学战略计划》《美国国家网络战略》《美国先进制造业领导者的战略》，旨在通过制定发展规划扩大制造业就业、扶持制造业发展，推动先进数据的管理与分析、可视化工具的开发与使用，以保障国家数据安全。2019年12月23日，美国发布《联邦数据战略与2020年行动计划》，以2020年为起始，联邦数据战略描述了美国联邦政府未来10年的数据愿景，并初步确定了各政府机构在2020年需要采取的关键行动。

德国1995年实施制造2000计划，2000年德国政府制订了微系统技术2000+计划，旨在开发微系统技术，扩大微系统产品在企业中的应用。2010年德国制定《思想·创新·增长——德国2020高技术战略》，提出通过数字化获得新的经济增长和更多就业机会，具体包括发展电子能源和智能电网，研发电动车和智能交通系统，在工业领域推广云计算技术等。2014年德国联邦政府出台《数字议程（2014—2017）》，倡导数字化创新驱动经济社会发展，为将德国建设成为未来数字强国进行了战略部署。2014年11月，德国联邦政府发布的新高科技战略确定了未来六大研究与创新首要发展领域，数字经济与社会为其中一项内容，其八大核心领域包括工业4.0、智能服务、智能数据项目、云计算、数据联网、数字科学、数据建设、数字化生活环境。2016年，德国发布数字化战略2025，目标是将德国建设成最具现代化的工业国家，涉及数字基础设施扩建、促进数字化投资与创新、发展智能互联等。根据规划，德国数字未来计划由 12 个支柱构成，分别为：工业 4.0 战略、未来产业联盟、数字化议程、重新利用网络、数字化技术、可信赖的云、电动车用信息通信技术、德国数据服务平台、中小企业数字化、创客竞赛、中小企业数字化、经济领域信息技术安全。2018 年，德国在数字经济领域主要发布了《联邦政府人工智能战略要点》《人工智能德国制造》《高技术战略 2025》，明确提出要推动人工智能技术的应用。近年来，德国政府根据形势变化的需要，对人工智能战略进行修订，力图通过经济刺激和未来一揽子计划，提高对人工智能的资助，推动人工智能在中小企业中的广泛应用。

英国 2008 年出台高价值制造战略，以构建开放共享的知识交流平台，如通过构建知识转化网络等，帮助企业聚合最佳的制造能力，创造世界一流的产品、工艺和服务。2009 年，英国相继出台英国低碳工业战略、数字英国计划、数字经济法案，目标是将英国打造成世界的"数字之都"，为英国的未来经济繁荣提供必需的工具。2013 年，英国发布《英国工业 2050 战略》，从技术创新、集群发展、市场产业链、公众需求、人才教育以及其他专项建设等多个方面入手，明确了英国信息经济近年的发展方向。2017 年，英国发布《英国数字战略》，详细阐述了脱欧后如何打造世界一流的数字经济，并对未来如何推进数字转型做出全面部署，主要包括连接战略、数字技能与包容性战略、数字经济战略、数字转型战略、网络空间战略、数字政府战略和数据经济战略等七大战略，重点帮助深处数字鸿沟的企业提升其数字能力，支持数字企业发展，帮助企业数字化转型，强化数据基础设施建设，为企业使用数据创造新产品和服务提供新机会。2017 年，英国又提出现代工业战略，支持初创企业，英国政府将通过与商业银行合作，为北方融资困难的企业提供优惠政策，以支持中小企业的发展，利用 B2B[①]评级和反馈平台为中小企业的合作提供业务咨询、支持服务。2018 年，英国在数字经济领域主要制定了《数字宪章》《产业战略：人工智能领域行动》《国家计量战略实施计划》等一系列行动计划，通过服务企业开发新技术、助力研发等方式，支撑英国工业战略的实施，旨在使英国建立全球最安全的网络环境和孵化高科技公司的生态环境，为英国数字经济的发展壮大创造最佳条件。

1989 年日本提出智能制造系统，并于 20 世纪 90 年代中期开始实施"新制造业"战略，利用信息技术改造和提升日本制造业。2001 年 1 月以来，日本积极实施 e-Japan 战略，以迅速而有重点地推进高度信息化社会的建设，并在宽带化、信息基础设施建设及信息技术的应用普及等方面取得了超乎预期的进展，成功完成了追赶世界信息技术先进国家的赶超任务，到 2005 年日本已成为世界最先进的 IT 国家之一。面对高龄化、少子化的社会现实和国际竞争日益加剧的现状，为了确保在 2006 年以后一直成为世界 IT 的领跑者和开拓者，日本进入了 IT 立国战略的新阶段。2004 年，日本信息通信产业的主管机关总务省超前提出今后 5 年 IT 发展任务的 u-Japan 战略，希望在 2010 年将日本建设成为"任何时间、任何地点、任何人、任何物"都可以上网的环境。2009 年日本制定了到 2015 年的中长期信息技术发展战略 i-Japan 战略，计划通过信息技术与产业的融合，从根本上提高生产效率，提升产品附加值。2013 年日本制定 ICT[②]成长战略，重点关注大数据应用所需的云计算、传感器、社会化媒体等智能技术开发。《日本制造业白皮书》报告的总论阐释了一个观点，那就是日本制造业已经处于一个"非连续创新"的时期，它把这个时期称为"第四次工业革命"。此外，日本还实行双领先策略，增强在装备设备提供上的优

---

① B2B 也可写成 BTB，是 business-to-business 的缩写，是指企业与企业之间通过专用网络或因特网，进行数据信息的交换、传递，开展交易活动的商业模式。

② ICT 是 information and communications technology 的缩写，中文释义为信息与通信技术。它是一个涵盖性术语，覆盖了所有通信设备或应用软件以及与之相关的各种服务和应用软件，如视频会议和远程教学。

势，以帮助中小企业快速发展。2018 年，日本发布了《日本制造业白皮书》《综合创新战略》《集成创新战略》《第 2 期战略性创新推进计划（SIP）》等战略和计划，明确互联工业是未来产业趋势，并将发展互联工业作为日本制造业发展的战略目标，即通过灵活运用物联网、大数据、人工智能等数字化工具连接人、设备、系统、技术，推动自动化与数字化相融合，以创造新的附加价值，并在其中详细阐述了推动数字经济发展的行动方案。

2. 主要国家代表性举措

美国在推进信息技术与企业融合方面的代表性举措是，从顶层设计开始建立起严密的法律体系，通过一系列法律条例主动开放政府数据，并积极营造氛围。从制度层面设计详细的制度和政策以激发中小企业的积极性，同时美国非常注重做好安全和隐私保护，并注重加强人才培育以提升劳动力素质。

德国重点致力于构建工业 4.0 平台服务中小企业，依托平台构建中小企业能力中心，同时积极制定系统规范的数据保护方面的法律，并充分调动协会组织的积极性，利用协会平台推动行业数据共享。

英国政府积极指导企业加快推进信息化，同时建设数字政府，并开放政府数据。英国比较重视中小企业的产品采购，规定政府优先采购中小企业的产品；同时指定银行与征信机构共享数据，打开数据通路。与其他国家类似，英国也非常重视加强培养专业人才。

日本政府在制定一系列规划和战略的同时，着重以民间专业服务机构为主力引导信息化，重视信息化建设和信息技术人才的培养。与其他国家不同的是，日本采用会员制数据共享方式，依靠会员形成的团体，激发企业进行信息化、数字化转型的意愿。

3. 主要发达国家发展模式的经验总结及其启示

国外发达国家较早推动企业与互联网、大数据、人工智能的融合，并取得了一系列成功经验。通过对发达国家在推进信息技术与中小企业融合过程中的支撑战略和代表性措施的分析，可以看出它们采用了不同的模式。

美国"制度引导模式"主要依靠营造创新氛围、构建完整规章制度体系以鼓励企业与新兴信息技术的融合；其关键成功要素在于积极开放的政府、完善的制度设计、较好的数据保护、充分的数据共享、充足的人才资源、完善的投资体系。

德国"平台推动模式"主要通过"工业4.0"平台推进企业与新兴信息技术融合，并建立了中小企业数字化能力发展中心；其关键成功要素在于完善的工业平台、较好的数据保护、行业的数据共享、强大的技术能力。

英国的"政府激励模式"主要依靠政府的数据公开和大量的政府采购以扶持中小企业发展；其关键成功要素在于能动性强的政府、积极的激励机制、充分的数据共享、完善的人才培养、良好的公私合作关系。

日本的"机构主导模式"主要依靠各种协会实现中小企业的大数据服务和智能化改造；其关键成功要素在于发达的服务机构、丰富的技术经验积累、丰富的人才资源。

三、对我国的启示

我国信息化正式起步于1993年，金卡、金桥、金关等重大信息化工程，拉开了国民经济信息化的序幕。进入21世纪，我国信息化进程加快，第十个五年计划指出，"信息化是当今世界经济和社会发展的大趋势，也是我国产业优化升级和实现工业化、现代化的关键环节。要把推进国民经济和社会信息化放在优先位置。……大力推进国民经济和社会信息化，是覆盖现代化建设全局的战略举措。以信息化带动工业化，发挥后发优势，实现社会生产力的跨越式发展"①。2006年，我国出台《2006—2020年国家信息化发展战略》，战略重点之一是"利用信息技术改造和提升传统产业。促进信息技术在能源、交通运输、冶金、机械和化工等行业的普及应用，推进设计研发信息化、生产装备数字化、生产过程智能化和经营管理网络化。……推动供应链管理和客户关系管理，大力扶持中小企业信息化"②。

2015年是我国信息化和制造强国建设进程中具有标志性的一年。《中国制造2025》是经国务院总理李克强签批，由国务院于2015年5月印发的部署全面推进实施制造强国的战略文件，是中国实施制造强国战略第一个十年的行动纲领。该文件坚持把创新摆在制造业发展全局的核心位置，完善有利于创新的制度环境，推动跨领域跨行业协同创新，突破一批重点领域关键共性技术，促进制造业数字化、网络化、智能化，走创新驱动的发展道路。2015年，李克强总理在政府工作报告中首次提出"互联网+"行动计划。"互联网+"成为助力经济、促进改革、惠及民生的重要方式，更多传统行业通过O2O③拥抱互联网。"互联网+"代表一种新的经济形态，即充分发挥互联网在生产要素配置中的优化和集成作用，将互联网的创新成果深度融合于经济社会各领域之中，提升实体经济的创新力和生产力，形成更广泛的以互联网为基础设施和实现工具的经济发展新形态。2015年以来，我国出台了《促进大数据发展行动纲要》《国家信息化发展战略纲要》等一系列文件，为数字经济的发展提供了政策、技术等方面的保障，促使

---

① 中华人民共和国中央人民政府. 2000. 中共中央关于制定国民经济和社会发展第十个五年计划的建议. http://www.gov.cn/gongbao/content/2000/content_60538.htm，2000-10-11.

② 中华人民共和国中央人民政府. 2009. 2006—2020年国家信息化发展战略. http://www.gov.cn/test/2009-09/24/content_1425447_6.htm#，2009-09-24.

③ O2O是online to offline的缩写，即在线离线/线上到线下，是指将线下的商务机会与互联网结合，让互联网成为线下交易的平台，这个概念最早来源于美国。O2O的概念非常广泛，既可涉及线上，又可涉及线下，可以通称为O2O。

我国"互联网+"进程深入推进，并在新型工业化、城镇化和农业现代化发展中发挥了重大作用。2016年，国家出台了《国家信息化发展战略纲要》、制定了网络强国战略，计划到2020年关键核心技术部分领域达到国际先进水平，信息产业国际竞争力大幅提升，重点行业数字化、网络化、智能化取得明显进展，信息产业国际竞争力大幅提升，信息化成为驱动现代化建设的先导力量。2016年，工业和信息化部印发了《工业和信息化部关于进一步推进中小企业信息化的指导意见》，继续实施中小企业信息化推进工程，大力推动"互联网+"小微企业创业创新培育行动，发挥大型信息化服务商的辐射带动作用，进一步完善中小企业信息化服务体系，深入推进基于互联网的信息技术应用，提高中小企业应用信息技术创业创新发展能力[①]。为促进数字经济发展，2018年我国出台了《关于发展数字经济稳定并扩大就业的指导意见》《国务院关于积极推进"互联网+"行动的指导意见》等文件，各地省级政府，也积极出台了相关配套政策。2020年3月18日工业和信息化部出台《中小企业数字化赋能专项行动方案》，"坚持统筹推进新冠肺炎疫情防控和经济社会发展，以新一代信息技术与应用为支撑，以提升中小企业应对危机能力、夯实可持续发展基础为目标，集聚一批面向中小企业的数字化服务商，培育推广一批符合中小企业需求的数字化平台、系统解决方案、产品和服务，助推中小企业通过数字化网络化智能化赋能实现复工复产，增添发展后劲，提高发展质量"[②]。

与国外发达国家和地区相比，尽管我国各级政府积极推动信息化建设，但归根到底内在驱动力是巨大的市场需求，体现出显著的市场拉动特征，可以概括为"市场拉动模式"。我国的信息技术与中小企业融合体现出明显的以市场应用为导向，以市场需求培育新产业、新业

---

① 工业和信息化部. 2006. 工业和信息化部关于进一步推进中小企业信息化的指导意见. https://www.miit.gov.cn/jgsj/qyj/zcfg/art/2020/art_9b83581869a8440abd57527441379289.html，2017-1-24.

② 工业和信息化部办公厅. 2020. 中小企业数字化赋能专项行动方案. http://www.gov.cn/zhengce/zhengceku/2020-03/24/content_5494882.htm，2020-3-18.

态、技术引进与技术创新相结合的特点,同时各级政府也应积极引导推动试点示范工作,帮助行业和企业确定重点突破领域。关键成功要素包括巨大的市场需求、政府的强力引导、技术再创新能力、各级政府积极的试点示范等。

第 2 章　基于新兴信息技术的中小企业创业模式研究

受到当前互联网经济和服务经济发展的影响，我国涌现出一大批基于互联网、大数据、人工智能技术的优秀创业企业。笔者通过跟踪大量创业企业，研究分析了基于互联网、大数据、人工智能技术的企业创业模式，最终通过典型案例分析，总结出三类创业模式，包括基于互联网的互联网+服务类创业、基于大数据技术的大数据类创业、基于人工智能技术的智能硬件类创业，并针对不同创业模式，选取典型性案例进行分析。

一、互联网+服务类创业模式

当前，互联网+服务类创业成功的案例很多，如饿了么、共享单车等。为深入分析互联网+服务类创业模式，笔者选取了互联网+医疗服务、互联网+公司服务、互联网+生活服务、互联网+公益服务四种创业案例，进行深入分析。总体上看，在"互联网+"时代，互联网与诸多的传统行业会形成较为紧密的联系，大量传统行业将借助互联网来完成各种创新，从而释放出大量的创业机会。大量互联网+服务类创业的模式，是将传统行业互联网化，这需要在全面认知 IT 的基础上，看清行业发展趋势，准确找到自身资源与互联网融合的切入点。

1. 互联网+医疗服务

信息技术的发展已走向智能应用时代，随着新医改的启动，互联网+医疗的概念逐渐明朗，市场上也出现了形形色色的医疗服务平台。

中国医疗卫生行业信息化呈现巨大的市场需求和发展潜力。作为民生保障和刚性需求，医疗资源长期不足和分配不均时常会产生社会化问题，而移动医疗则在互联网的背景下最大限度地利用资源并合理分配资源，一定程度上解决了传统医疗所面临的痛点。现阶段，医疗卫生行业信息化建设已卓有成效，但看病难、挂号难、医患之间信息交互困难、医患关系紧张依然困扰着医院、医生和患者。医院信息系统（HIS）、实验室（检验科）信息系统（LIS）、影像归档和通信系统（PACS）等储存有丰富的数据信息，但是患者缺乏便利的手段获取这些信息。传统的医院受限于医院自身条件，无法为患者提供快捷满意的服务，医患矛盾日益加剧，无法依靠自身努力来有效解决问题。因此，解决医患矛盾，充分利用医生资源，为患者提供更便捷高效的就医服务，创建整合医院、医生、患者三位一体的就医服务平台就变得迫在眉睫。

掌医通是以移动互联网终端为载体，通过运营商的网络与医院信息系统的实时连接，形成一个实时、动态的工作服务平台来充分挖掘与共享医疗资源，通过手机 APP 客户端给患者提供方便、快捷的医疗服务，降低医院的资源成本，提升医院的服务质量。掌医通致力于为患者提供便捷高效的就医服务、降低医院的资源成本、提高就诊效率（图 2-1）。掌医通整合双方技术，利用大数据资源，打造更便捷、更贴心、更个性化的一站式移动医疗服务平台。以移动互联网终端为载体，方便主治医生随时调阅门诊患者医嘱、病历、检验检查报告单，缩短患者在医院的停留时间，提高就诊效率。掌医通为患者提供一个便捷的服务通道，能随时预约挂号，调阅个人健康档案，查询医嘱信息，在线取报告单、缴费以及与医生在线互动，也为医院的市场开拓创造了有利条件，有利于提升医院自身的品牌形象。

掌医通 APP 分为医生版和患者版。目前，掌医通与医院进行合作获取用户数据，并以医院为中介，与药商进行合作，从药商那里获得医院用户资源。利润的主要获取方式包括为用户提供定制化服务、与

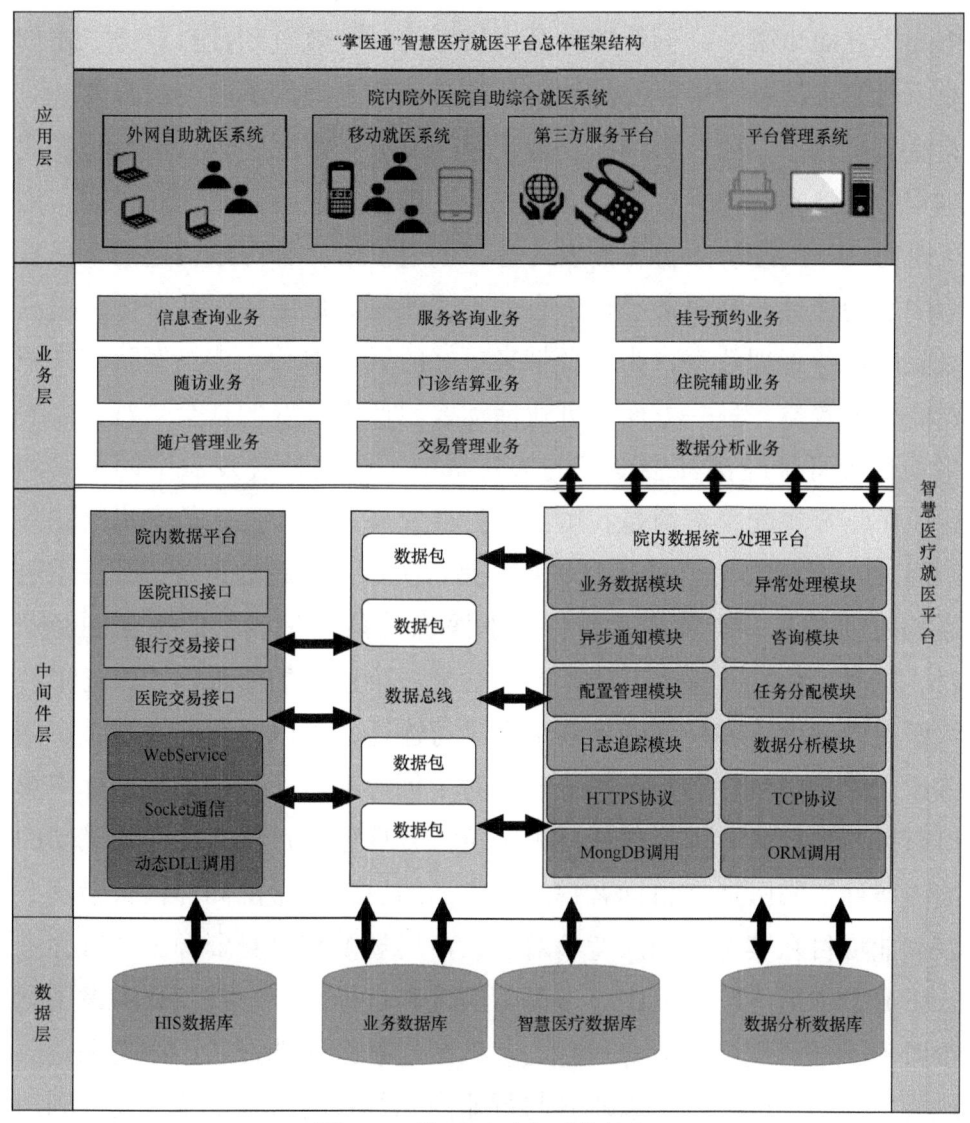

图 2-1 掌医通平台系统构架

银行合作、与商业保险合作等。

掌医通是一个移动医疗领域的创业项目,不仅属于当今创业领域的热点,还具有积极的社会意义。创业项目构建了医院、医生、患者三方整合的就医服务平台,在给患者带来方便的同时,也有助于提高医院的效率,改善医疗资源的配置。具体而言,创业的特色体现在如下几个方面。第一，创业项目具有较好的经济效益和社会效益。在创业项目的选择过程中，经济效益和社会效益之间的平衡至关重要。只关注其中之一，项目都难以获得长远的发展。掌医通为合理调整创业过程中经济效益与社会效益间的关系提供了有益的启示。一方面，为了获得良好的经济效益，需要为客户创造价值。掌医通构建的以患者为中心的移动医疗服务平台，有助于医院更好地配置医疗资源，提高医院的运营管理效率，为患者带来更好的客户体验，能给医院带来积极的经济效益。另一方面，创业活动要想产生良好的社会效益，需要将项目置身于经济社会变革的大背景中，解决社会发展中的重要问题。医疗资源配置失衡是我国经济社会发展过程中面临的突出问题。利用 IT，构建整合性的信息平台，是解决这一问题的重要途径。掌医通构建的平台，有助于改善传统的医患关系，是典型的社会创新项目。同时，信息的整合互通是当前智慧城市建设的瓶颈。掌医通平台将医院内部信息和外部的患者信息进行连通，可以助力于智慧城市的建设。第二，目标客户选择合理。对于创业项目而言，如果目标市场已有一些先行者，那么进行准确定位、合理选择目标客户是其成功的前提条件。掌医通在目标客户选择方面的思路与做法同样值得借鉴。该创业项目在实施之初从竞争对手、市场规模和自身资源三个方面进行了分析，最终确定以中小型民营医院为目标客户。在综合考虑了竞争对手、市场规模和自身资源的基础上，掌医通选择了中小型民营医院为主要的目标客户，以避开与行业内先行者的直接竞争，充分利用公司已经积累起来的客户资源，符合民营医院发展的总体趋势。

2. 互联网+公司服务

互联网高速发展的同时，网络拥堵问题也困扰着人们的生活。由于网民数量的激增及互联网应用的快速发展，现有的网络带宽并不能满足网民日益增长的网速需求。另外，大量网络用户的同时涌入、用户访问地域分散等原因造成的网络拥堵，无法仅靠增加网络带宽来缓解。因此，解决网络拥堵问题迫在眉睫。

基于内容分发网络（content delivery network，CDN）技术的网站加速服务是目前解决上述问题所采取的主要方案，该方式已经在国外被广泛应用。国内大型互联网企业已逐步推广使用 CDN 技术，但由于成本高、技术难度大等原因，CDN 技术在中小型网站中普及率仍不高。大量中小型网站迫切需求性价比高的优质 CDN 网站加速服务。

杭州克赛博网络科技有限公司是一家专业研发网站加速系统、提供网站加速服务的大学生创业企业，致力于解决网络拥堵问题，专注于视频密集型网站的加速服务。公司产品——OpenCDN[①]网站加速服务，依托 OpenCDN 网站加速系统输出 CDN 加速服务。该系统由 OpenCDN 软件和 OpenCDN 云管控平台两大部分组成，是专为中小网站站长设计的网站加速服务，主要用于解决大量网站用户的同时涌入、访客地域分布不均匀造成的网络拥堵等问题。源网站相当于设在上海的仓库，网民访问网站相当于去仓库取货。杭州的用户去上海取货，经常遇到堵车严重的问题。CDN 节点相当于在湖州等地设立的上海分仓库，用户可以任意选择一个分仓库取货，从而提高取货速度，即通过负载均衡化，实现对网站的加速服务。现有的大部分 CDN 服务中，网站站长需被动地等待 CDN 服务公司对 CDN 节点中的网站内容进行更新，通常需耗时 3~12 小时。公司通过 OpenCDN 云管控平台，实现节点自主化，即网站站长可登录 OpenCDN 云管控平台进行自主设置，自主更新 CDN 节点中的网站内容，优化了更新流程，仅需 10~30 分钟，即可完成更新，满足了网站站长对网站及时更新管理的需求。

[①] OpenCDN 是一套快速部署 CDN 加速的工具，针对专门提供 CDN 加速服务的企业或对多节点 CDN 加速有需求的企业，提供一套便捷的 CDN 加速管理平台，可对每一个节点的状态、系统负载进行实时监测与统一管理，同时预制了多套常用缓存规则，支持多种复杂的 CDN 缓存场景。

目标客户群定位于有一定支付能力、流量较大的中小网站。公司通过对 428 个试用网站进行调研，将目标客户群定位于五类中小型网站，主要包括资源存储类、门户类、社交分享类、网页游戏类以及视频网站。这五类网站相较于其他类中小网站，网络拥堵现象较易出现，对于用户访问网站速度有一定要求。与一些巨头企业相比，该项目在技术上、团队上、资金上、知名度上都存在很大的差距。这些差距是威胁该企业生存和成长的关键因素。但正是因为巨头企业技术领先、知名度大，往往不重视中小型网站客户，而只关注大型网站。若该项目能在服务中小型网站方向上进一步深挖，发现这五类不同中小企业在一定周期内对网站加速需求的差异性，进而制订出能够为每类中小型网站提供最优服务的方案，那么该项目将会在中小型网站的长尾市场上大有可为。

同时也需要注意到，中小型网站最关心的问题是成本，任何方面成本的增加都可能导致中小企业的死亡。在以中小企业能够接受的低价提供服务的同时，企业可以通过扩大销售规模来增加收入。另外，安全性也是中小型网站十分关心的问题，不仅仅包括在面临恶意攻击时的安全性，还包括使用该产品客户的资料的安全性。

3. 互联网+生活服务

起步于寝室打印业务的一米云印，通过由打印耗材经销商免费提供设备及其维护、媒体广告商提供媒体屏及维护，运用自主研发（已获 2 项国家专利）的一款基于云端的文档及知识服务平台，建立起贴近大学生的打印、文档编辑及云端数据应用服务项目。

一米云印的价值不仅体现在建立了提供云印服务的学生用户端，还体现在可在云数据分析的基础上为学生、高校、企业等利益相关者提供更多服务。一米云印为高校学生提供的是云打印服务，解决目前学生用户的打印需求，无须排队，随时随地可以打印。另外，一米云印还提供高质量的送货服务，解决了打印店路途远以及服务态度差等问题。一米云印还提供了成熟稳定的创业机会和勤工俭学的岗位。一米云印还邀请其他高校学生加盟合作，为其提供经过实践检验的商业运作模式，帮助其建立良好的合作伙伴关系，通过有效的培训，帮助高校学生实现成功创业。例如，店长通过打印业务的拓展可以获得一定的提成，并能够借此获得实践锻炼的机会。

一米云印推出的商业模式（图 2-2）通过复制到各个高校，通过高校加盟的方式，采取统一管理与分级管理相结合的方式，在方便学校管理的基础上为更多的高校学生提供创业实践的机会。一米云印通过构建一个云资料服务平台，根据打印时间和修改频率，对数据加以收集与分析，帮助学校大致了解学生的动态。一米云印可通过对用户个性化小数据进行分析，实现广告精准有价值的投放，在校园云印的基础上打造云无边界的生态环。笔者以用户打印相关课后资料为例加以说明。比如，一米云印通过对用户个人小数据进行分析发现，某一用户长期打印某一机构提供的教学资料，自助媒体屏就可以在其云印等待过程中投放相关培训广告。

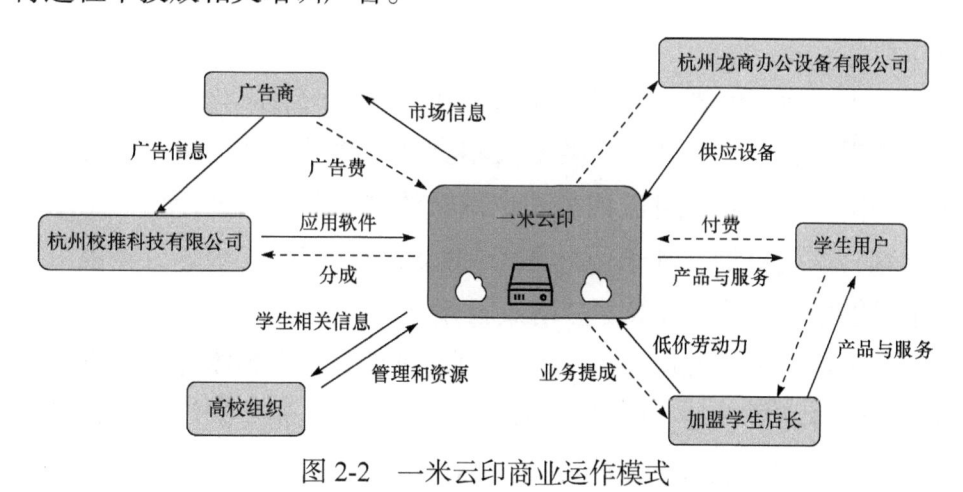

图 2-2 一米云印商业运作模式

注：图中实线条表示信息流和物流，虚线条表示资金流

同时一米云印基于云端数据分析为更多用户提供知识服务。主要

包括以下几项功能。

（1）基础打印业务。学生用户在寝室中有打印需求时，通过一米云印平台客户端传输文件，店长接收消息后，打印并送货上门。

（2）自助打印服务。一米云印平台通过与杭州校推科技有限公司合作实现自助打印功能。杭州校推科技有限公司将浙江高校寝室楼下的媒体屏独家与一米云印平台合作，杭州校推科技有限公司为一米云印平台提供自助打印接口，用户可以在一米云印平台上快速连接寝室楼下媒体屏的自助打印机进行自助打印。

（3）一米文库。一米文库是明戈网络为高校学生提供的信息存储空间，是供网友在线分享文档的开放平台。在这里，用户可以在线阅读和下载包括课件、习题、论文报告、专业资料、各类公文模板以及法律法规、政策文件等多种资料。它具有自由开放、类别清晰、方便学生更快速有效地检索自己所需的资料等特点。一米文库的相关资料来源渠道可分为两种：一是用户主动分享文件，一旦用户选择共享文件即可享受折扣打印；二是通过与教育培训机构合作，共享相关教育机构的教学素材，这样做可以帮助相关教育机构实现精准的广告投放。

（4）一米编辑器。一米云印具有在线编辑的功能，用户可以根据自己的需要在平台上选择需要的文本类型，并进行文档编辑。在编辑文档的同时，平台也可以根据用户编辑的文档关键词进行相关文献资料推荐，这就更加有利于用户进行文档编辑。同时一米编辑器也可为学生提供相关查重服务等更多增值服务。

（5）数据分析和服务。一米云印可通过对用户集体性数据进行分析，了解各高校在校生的学习情况，并为高校各相关部门提供教学修改思路及支撑方案贡献力量；通过对用户个性化需求小数据进行分析，为企业提供精准广告投放业务。

一米云印通过建立多方合作，整合平台各项资源，使得用户享受到更高效便捷的云印服务,从而为平台提供更多用户流量基础。例如,打印设备与维护由杭州龙商办公设备有限公司无偿提供,一米云印为其提供大规模的纸张打印量;媒体屏以及自助打印设备由杭州校推科技有限公司提供,而一米云印通过用户引流,提高媒体屏的使用效率以及增加广告收入。通过以上的重资产外包形式,以轻资产为特色,同时通过采用高效的勤工俭学岗位就业机制为用户提供了低成本的服务。

一米云印的亮点包括以下几点。第一,已在数所高校开展业务并实现一定数额的营收,从而获得了一定的运营经验和社会实践体验;第二,创业者对项目核心技术拥有自主知识产权,并已获得两项国家专利,从而针对竞争者建立了一定的技术壁垒;第三,商业模式设计较为合理,充分考虑利益相关者的权益,从而有利于整合各方资源以获得长远发展;第四,创业团队较为整齐,主要创业者拥有成功创业的经历,团队成员各有特长,能力互相补充;第五,一米云印依托云打印服务构建起来的是一个服务应用平台,若在各高校形成服务网络,则拥有较大的增值服务升级和拓展的潜力,使得创业项目具有隐性的成长空间。

4. 互联网+公益服务

在人人都可共享互联网的今天,世界卫生组织统计数据显示,在我国仍有 1700 万名视障者由于视力的缺失,还处于互联网时代的边缘[①]。虽然,科技的发展已研发出多种盲人上网的硬件系统和软件系统,但是,难以学会和掌握上网技能成了阻碍视障者触网的"最后一公里"。

尽管现在市场上有一些第三方的读屏工具可以帮助视障者识别出电脑(或手机)屏幕上的内容并进行语音播报,但是这样的软件存在

---

① 张思毅. 2020. 优酷首创无障碍网络视听平台 为 1700 万视障者建"文化盲道". https://static.nfapp.southcn.com/content/202012/03/c4384315.html, 2020-12-03.

一定的使用门槛，对于普通没有接触过电子设备的视障者来说使用难度很大。视障者急需一种工具以便帮助他们缩短和网络的"最后一公里"距离。目前，现有的网络使用教程都由明眼人作为讲师，无法实际体会视障者面临的困难，教学效果并不明显。中国信息无障碍产品联盟秘书处在北京发布的《中国互联网视障用户基本情况报告》显示，90%的视障者存在出行困难，95%的视障者在识别验证码和实物识别方面曾遇到过困难。

茫茫仁海创业团队通过自己编写培训课程，雇用视障讲师来教授视障者学习电脑知识，借此打开盲人信息获取的通道，使互联网渗透进他们的生活，助力他们打通与网络连接的"最后一公里"。茫茫仁海创业团队依靠已创建多年的大学生专项服务志愿者团队，与浙江省残联、阿里巴巴合作开展针对视障者的上网操作培训，旨在助力打通视障者与网络连接的"最后一公里"。基础服务指为视障者提供基础电脑操作方面的培训；增值服务指为视障者提供电子商务职业技能方面的培训，此外还针对盲用无障碍生活服务类 APP、盲用智能触感手环、互联网软件无障碍测试等方面提供服务。

茫茫仁海创业团队构建的培训模式与普通商业公司或是非政府组织（Non-Governmental Organizations，NGO）提供的培训不同。他们从掌握了上网技能的视障者中招募视障讲师，这些视障讲师能以切身体会采取视障者最适用的方式进行培训，有利于提升培训效果。

茫茫仁海创业团队通过公益培训方式获得用户基础和用户黏性，借此推出有针对性的个性化增值服务，以增值服务为盈利点反哺作为核心服务的基础电脑操作培训（图 2-3）。

茫茫仁海创业团队为视障人士提供基础培训课程与其他可选的个性化服务课程，以课程为导向，向合作互联网公司提供对口视障互联网软件测试员，从中还能获得合作资助。创业项目在低成本运行的同时，也使大学生志愿者获得了长期稳定的专项志愿活动项目。

图 2-3　茫茫仁海创业模式

茫茫仁海创业团队依靠大学生专项服务志愿者团队，针对视障者提供公益性的电脑及上网操作培训和服务，帮助视障者上网。同时，通过公益培训获得用户基础和用户黏性，有针对性地推出个性化增值服务，以增值服务的收益反哺基础电脑操作培训所花费的成本。创业者们通过与浙江省残联、阿里巴巴及一些软件开发商合作，搭建互联网软件无障碍测试外包服务平台，使上述的公益培训和增值服务得以可持续，从而在实现项目的社会效益的同时也实现了经济效益。

创业项目已经在实践中成功运行了多年，拥有丰富的运行经验，获取了大量的视障者群体以及相关社会资源的支持。比如，与以阿里巴巴为代表的互联网企业建立了良好的合作关系，与志愿者团体一直都保持着密切的合作关系，这些帮助与支持就保证了服务模式的稳定运行。这是创业项目最显著的特点和优势。此外，创业项目还建立了一种较为完善与可行的商业运作模式。通过积极争取政府的资助、企业的公益捐赠和公益众筹等方式来获取运营资金。同时，茫茫仁海创业团队在基础培训课基础上还开设了增值课程，以培训合格的学员为软件企业提供互联网软件无障碍测试外包服务等，并从中获取一定收益。在未来，茫茫仁海创业团队还希望能够搭建一个盲用无障碍生活服务社区平台，以视障者为用户以便于为其提供相关产品与服务。

二、大数据类创业模式

随着大数据技术的茁壮发展，大数据创业潮也如雨后春笋般涌现。笔者选取了四种基于大数据的创业案例，分别是基于大数据的营销、基于大数据的肌肤修护、基于大数据的家电定制、基于大数据的仓储系统，借此来分析大数据类创业模式。与传统产业互联网化有所区别的是，大数据类创业模式是通过对数字资源的深度开发，以数字为最重要的资产来反向促进企业的改进和创新。此类创业最重要的是要具备充足的数据支撑，创业企业要通过大数据分析来获取消费者的消费习惯和消费指标，以便更好地做出相应规划和经营决策，进而推动企业的营销方式、经营模式、组织结构的改变。

1. 大数据+营销

随着通信技术的快速发展和人们对通信需求的不断增强，在移动通信和互联网两大行业互相融合的背景下，移动互联网新型模式给传统运营商带来了较大的危机与挑战，具体的危机和挑战体现在：由于微信、微博等社交软件的兴起，电信运营商原有的语音、短信等核心业务受到严重冲击；同时，数据流量需求的呈指数式增长对网络资源造成了很大消耗，运营商网络扩容压力大，增加了建设成本。这意味着，语音占统治地位的时代已经结束，电信运营商要靠传统的语音业务盈利已很困难。在此背景下，电信运营商的利润空间被严重压缩，导致营业收入增长缓慢，甚至出现下滑趋势。

电信运营商最关注的两个核心问题是：①如何增加客户增量，②如何延长客户的使用时间。能够帮助电信运营商实现客户增量的稳定增长，然后把客户留住，就能够实现营业收入的增长。杭州沛然文化创意有限公司推出的项目——基于语音信令的互联网营销系统，本质是通过互联网+大数据获取客户的消费行为，预测客户真实需求，在客户需要产品的时候及时推送相应产品信息，实现精准营销（图 2-4）。这种服务的优势包括以下几个方面。第一，能够针对客户的实际需求进行精准营销，这样客户对推送的产品很容易接受并购买，转化率高，即实现了客户增量稳定增长；第二，精准营销的精髓在于，客户不需要的时候从不打扰，而客户需要的时候及时提供有效信息，客户可以获得很好的使用体验，优质的服务增加了客户对产品的好感，更能留住客户，延长客户的使用时间；第三，将原有的线下营销的方式，利用互联网平台，转化为线上营销，大大降低了营销成本。基于语音信令的互联网营销系统集三点优势于一体，能够牢牢吸引客户，增加电信运营商的收入，提高其盈利能力。

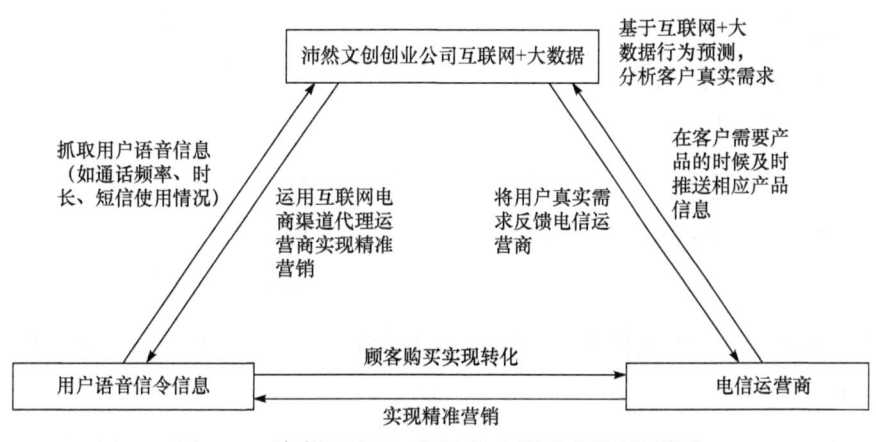

图 2-4　杭州沛然文化创意有限公司创业模式

基于语音信令的互联网营销系统的主要功能是借助互联网平台，运用互联网+大数据技术，结合关联分析等手段，对电信移动用户进行行为预测，分析每个电信移动用户的真正需求，并及时通过线上推销方式，将不同的产品或套餐分别推荐给每一个真正对此有需求的客户，实现定制化营销方案，从而帮助各个地区的电信运营商进行精准营销，给消费者推送增值服务，激发市场消费需求。首先，通过抓取顾客语音信令信息，以及根据电信运营商提供的顾客消费信息，建立互联网+大数据系统，分析出顾客的真实需求。例如，通过数据抓取，得知某一类顾客具有通话频率高、通话时间短的特征，能推测出他们属于商务人士，对通话时间长的话费套餐具有需求；抓取到某一类顾客上网较多，推测他们对流量套餐的需求较强烈。在预测顾客真实需求后，电信运营商就能够实现对顾客精准营销，只向固定的人群推荐他们喜爱的产品。杭州沛然文化创意有限公司可以为电信运营商提供代理服务，帮助电信运营商包装、推销相应产品。如果顾客正需要相应产品的时候接收到与之相关的信息，那么就会很容易接受它，并购买相应的产品。因此，项目的亮点在于实现了电信运营商、顾客和杭州沛然文化创意有限公司的"三赢"。

第一，对于电信运营商而言，实现了精准营销。精准营销的意义在于它能真正抓住对产品有需求的顾客，促进消费者消费，增加营业收入。精准营销又排除了大量对产品没有需求的消费者，减少了电信运营商营销成本。

第二，对于顾客而言，精准营销让顾客不再接收到他们不想要的信息，避免对其造成不必要的"骚扰"。更重要的是，顾客在需要某些产品的时候，产品推荐总能第一时间出现，解决了顾客的燃眉之急，给顾客以良好的使用体验。精准营销不仅增加了顾客增量，还能长时间地留住顾客。

第三，对于杭州沛然文化创意有限公司而言，本质是利用"互联网+"实现精准营销，符合当下大力推进"互联网+"的政策背景，在项目自身能盈利的同时，推动了社会经济发展，为大学生创造了就业机会。

杭州沛然文化创意有限公司的核心产品是系统化的精准营销方案，具体包括：基于大数据挖掘技术的消费者差异化需求分析；精准营销方案设计；针对性的产品与套餐推销；其他相关的信息推送与增值服务。杭州沛然文化创意有限公司以"与客户共赢"为价值理念，通过精准营销方案的设计和实施实现价值创造。具体的盈利模式为从电信运营商处获取佣金。项目推广方式以参加大型展销会为主、人员公关为辅，配合使用合理的价格策略和产品策略来达到营销效果。

基于语音信令的互联网营销系统是一个具有鲜明时代特色的创业项目。项目瞄准移动互联网和智能手机普及过程中的新需求，融合运用大数据技术和精准营销等新的商业模式，是创业精神与"互联网+"有机结合的产物。具体而言，杭州沛然文化创意有限公司的主要亮点包括三个方面。

一是创业机会的选择。杭州沛然文化创意有限公司瞄准新技术和社会变革中的新现象，深入挖掘空白市场，创业选择的模式和思路对于大学生创业者来说具有积极的借鉴意义。随着移动互联网的普及，传统的语音通话、短信等电信业务面临冲击，电信运营商急需寻找新的利润增长点。与此同时，电信运营商掌握了大量的语音信令数据，具有较高的商业价值，是一座有待挖掘的"金矿"。杭州沛然文化创意有限公司以此为创业机会，在分析语音信令数据基础上，为电信运营商提供电子商务营销服务。外部环境的变化是创业机会的来源，杭州沛然文化创意有限公司牢牢把握了这一基本原则。同时，项目并未选择竞争已经较为激烈的传统电商领域，而是另辟蹊径，在电商业务中找到自己的利基市场。

二是新颖的商业模式设计。杭州沛然文化创意有限公司以电信运营商为目标客户，通过向消费者开展精准营销为电信运营商创造价值，从而获取收益，商业模式新颖。精准营销是互联网时代的新型营销方式，需要以大数据为支撑，一般的初创企业难以开展此类业务。对于电信运营商而言，虽然具有开展精准营销的数据资源，但电子商务营销并非其业务重心，缺乏必要的人力资源和技术支持，外包是理想的选择。杭州沛然文化创意有限公司利用电信运营商的数据，为其提供精准营销服务，该商业模式具有良好的盈利性和可拓展性。此外，杭州沛然文化创意有限公司通过精准营销为消费者提供更具针对性的广告信息，改善了用户体验，实现了电信运营商、消费者和创业公司的多赢。

三是负责人丰富的创业经历。杭州沛然文化创意有限公司的负责人是一个连续创业者，在校读书期间开展的创业活动因取得了较好的成绩，引起了社会媒体的关注。这些经历为杭州沛然文化创意有限公司的成功运营积累了经验，也体现了公司负责人的创业精神。

2. 大数据+厨电定制

杭州坦壮电子商务有限公司成立于2013年3月，雏形是学生创业项目。公司成立初期，主要业务为线上销售小家电，公司2019年运营7家天猫品牌店铺。目前，公司运营团队达74人，同时配置有2000多平方米仓储，2017年销售额达1.4亿元。获得天使轮1500万元融资，至今已与20多家企业建立合作伙伴关系，市场规模已经初见雏形，获得了较好的市场认可度。公司对之前已沉淀的客户信息数据进行分析后发现，电炖锅产品的客户在使用过程中存在痛点。技术团队以算法加持，利用数据分析出客户对电炖锅的需求，设计团队给出设计原型。之后，公司与合作制造商九阳公司进行产品协作开发，推出了这款C2M[①]全网独家定制版电炖锅——九阳白玉盏炖锅。自上市以来，2019年该单品平均月销售额约为180万元，年度总销售额约为2000万元。

在前期的业务积累中，公司掌握了大量的用户数据，了解用户的产品诉求及其消费习惯与使用需求，公司聚焦C2M业务，为用户提供个性化厨房家电解决方案。在数据库的庞大数据支撑下，公司通过数据分析获得客户个性化需求，实现厂商和消费者的双向沟通，杭州坦

---

① C2M 是英文 customer-to-manufacturer（用户直连制造）的缩写，是一种新型的工业互联网电子商务的商业模式，又被称为"短路经济"。

壮电子商务有限公司对产品进行了初步设计，并将设计方案直接递交给生产厂商，实现了小厨电的 C2M 生产模式。

杭州坦壮电子商务有限公司主要为客户提供一整套可改善用户品质生活的闭环解决方案，向客户提供优质的个性化厨电设计和生产服务。公司产品主要分为四部分：电商模块、设计制造模块、大数据模块与平台模块。

（1）电商模块。杭州坦壮电子商务有限公司目前共运营多家天猫店铺，包括九阳坦壮专卖店、九阳华深专卖店、九阳民信专卖店、松下驰朗专卖店、公牛杭州专卖店、西门子万邦专卖店和松日旗舰店等。公司与 10 多家品牌企业建立了合作伙伴关系，包括九阳、奔驰、松下、西门子和公牛等，为厨电多元化发展奠定了牢固的基础。天猫平台优势显著，即互联网优势、潮流优势、用户数据获取优势，而且 C2M 模式使客户能参与到全流程的定制环节，厂家可以完全按照客户的个性化需求来定制，每件产品都可以算是一个独立的 SKU[①]。深度定制最核心的难题是如何解决大规模生产与个性化定制相背离的矛盾。深度定制将 IT 技术与客户个性化需求进行深度整合，通过其设计系统、网上订单管理系统、条码应用系统、混合排产及生产过程系统解决了这一难题。店铺商家通过获得需求来源，从而打造平台优势。

（2）设计制造模块。目前，杭州坦壮电子商务有限公司从梅赛德斯-奔驰汽车金融有限公司取得品牌授权。梅赛德斯-奔驰汽车金融有限公司以生产高质量、高性能的豪华汽车闻名海内外，也是经营风格始终如一的厂家。拥有精细的制造能力的奔驰逐步拓宽非优势类产品制造线，将品牌对外授权，以拓宽产品种类。杭州坦壮电子商务有限公司抓住机遇，与梅赛德斯-奔驰汽车金融有限公司的合作，也帮助该

---

① SKU 一般指库存保有单位。库存保有单位即库存进出计量的单位，可以是以件、盒、托盘等为单位。SKU 是物理上不可分割的最小存货单元。在使用时要根据不同业态、不同管理模式来处理。在服装、鞋类商品中使用最多最普遍。

公司实现了在厨电领域的新拓展。除此之外，欧琳、松日、TCL 的制造能力也为拓宽 C2M 的产品线奠定了基础，新模式下的杭州坦壮电子商务有限公司逐步形成品牌设计优势，并占领厨电市场。

（3）大数据模块。公司大数据平台由线上店铺和大数据后台组成，店铺收集用户数据并传到大数据后台，通过人工智能分析综合用户需求和消费习惯，得出消费者的个性化需求，达到个性化批量生产的目标。大数据模块分为技术获取客户大数据和人工智能算法分析客户需求。公司利用大数据平台进行数据分析，为目标客户提供精准的购物方案，使顾客痛点能够得到很好解决。大数据分析作为一个正在兴起的新兴领域，随着用户的使用量增加，必将带来数据库的指数级扩充，也为算法的改进和精准度的提高奠定了基础，着眼于整个厨电行业，大量的真实数据分析系统将为公司后期的发展带来新的盈利点。大数据后台精确地掌握了每一位消费者的消费偏好及购物数据，它不只是收集数据，而是根据消费者自身的购物偏好向其推荐产品。大数据后台的强大分析能力让一系列对品牌商的数据服务成为可能。

（4）平台模块。杭州坦壮电子商务有限公司在新模式下继续探索，具备了更加优质的设计能力，工艺设计能力也得到大幅提升。此外，杭州坦壮电子商务有限公司还将构建 C2M 平台。如果该平台顺利运行，那么公司的数据提取与分析能力将进一步得到提升，优质的设计能力使产品成为爆款的可能性更大。此外，杭州坦壮电子商务有限公司加强对制造商的市场主动权，并以爆款产品优势选择制造商。

厨电 C2M 的客户主要为原有的忠实客户以及新用户，新用户集中在追求个性化的"90 后"用户。首先是忠实用户，在杭州坦壮电子商务有限公司经营的多个天猫商铺有购买记录、浏览记录的客户都将成为坦壮 C2M 模式的主要消费群体，这些客户是数据的生产者，定制化产品对他们的吸引力也相对较大。其次是对定制化厨电有需求的用户，这些用户追求个性、对生活品质的追求更高，其中以"90 后"

为主。

公司收入来源主要在于原有产品的销售，其次是定制化厨电产品销售以及整体定制厨电方案的销售。公司在商业模式上，实现了从 B2C[①]传统电商模式向 C2M 服务平台的转型，并最终将之打造成 C2M 设计平台（图 2-5）。

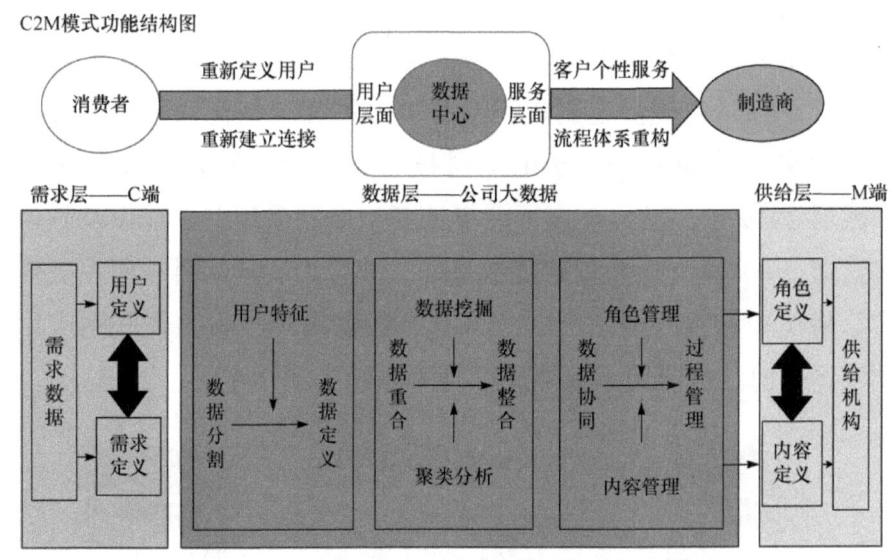

图 2-5　杭州坦壮电子商务有限公司创业模式

厨电 C2M 模式可以通过大数据分析生产个性化的产品，满足消费者对个性化厨电产品的需求，并且能够为现有的九阳、奔驰、公牛、西门子、松下等合作伙伴提供新的具有针对性的新产品研发思路，为其带来全新的价值创造。公司将满足个性化需求、快速响应市场需求以及优化供给侧作为公司的价值追求。

定制化的厨电可以在销量较高的天猫店铺与类似产品同步出售，并给予一定的广告投入；定制化厨电形成规模后成立独立的定制化厨电商铺，专门用于销售定制化厨电，后期还会提供更多更全面的服务。除了天猫商铺，公司还会设立专门的定制化厨电微信公众号、微

---

① B2C 是指电子商务的一种模式，也是直接面向消费者销售产品和服务的商业零售模式。

博，向微信、微博用户，尤其是"90后"家庭推送定制化产品信息，并能够直接和天猫商铺进行对接。

3. 大数据+仓储系统

杭州星科智控科技有限公司是一家致力于提供三维动态数据采集解决方案的供应商，它通过不断提升飞控技术和基于物联网的数据采集处理技术来提供相应的技术服务。公司目前的核心业务为智能库存管理系统，同时也提供定制化飞控解决方案和定制化物联网解决方案等技术服务。公司业务属于前沿科技领域，具有较强的技术研发能力，截至2019年，已经在该领域申请新型专利受理书5篇以及软件著作权受理书11篇，有扎实的技术基础，并且为后续的科技研发提供了动力。将飞控和物联网结合的三维动态数据采集技术为物联网应用的新领域，目前已被应用于智能库存管理系统（图2-6）。

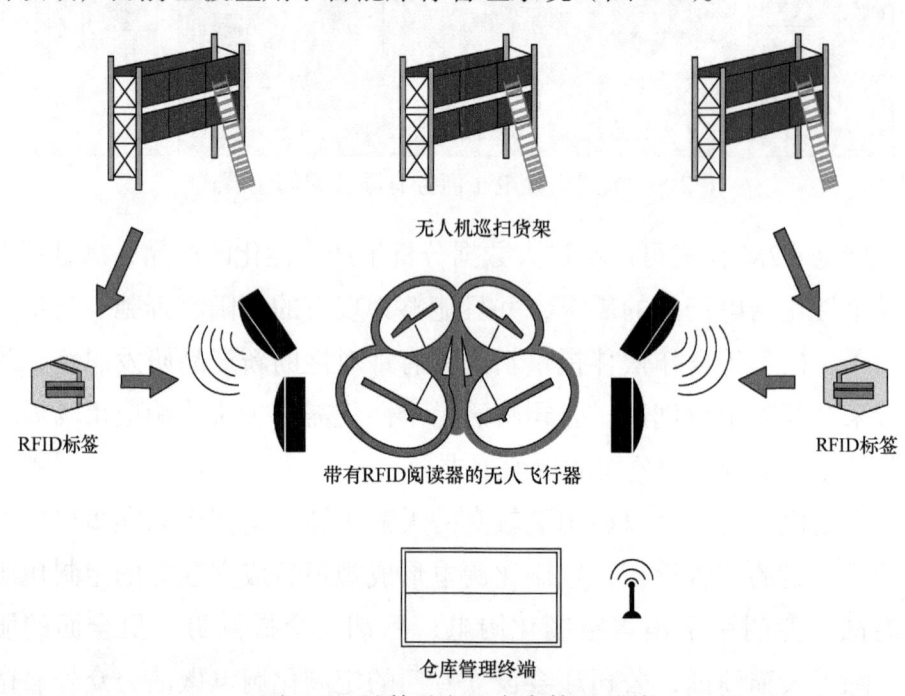

图2-6 星科无人机仓库管理系统

注：RFID 是 radio frequency identification 的缩写，中文释义为射频识别

智能库存管理系统隶属于物联网应用中的无人仓库管理领域，通过无人机搭载双边 RFID 阅读器和前置条形码摄像头读取仓库货物的标签信息，采用自主研发的仓库管理与路径规划系统，自动读取货物的 RFID 标签或条形码，与不同区域内的智能终端、PC 端管理系统组成物联网仓库管理系统，通过大数据进行动销数据分析，构建起智能一体化的仓库管理巡检网络，实现货物储存信息的智能化管理。

公司针对使用条形码和 RFID 标签的仓库分别研发了两套库存盘点解决方案。RFID 库存盘点解决方案以仓库规模大、高层立体货架分布、存货品种多、周转率高、货值高、对效期敏感、亏仓率高的企业为主，在珠宝配饰、养殖基地等行业内应用居多。条形码解决方案以仓库规模大、高层货架分布、存货周转率高、货值较低、对效期敏感的企业为主，在大型商超、物流中心等行业内应用居多。

近年来，在国家政策的大力扶持和业内企业的不断努力下，我国的物联网产业持续保持着良好的发展势头。大数据产业给我们的工作和生活带来了一场新的信息革命，我们可以利用来自物联网的信息加深对企业的了解，并做出更加明智的决定。物联网产业将是全球下一个促发创新、角力竞争、提高生产力的前沿领域。

物联网技术、人工智能与无人机、智能车应用相结合，又会创造出各种信息技术应用的崭新领域。杭州星科智控科技有限公司团队骨干成员依托专业基础，自行研发了飞控技术，并掌握了物联网的关键技术，为物联网数据采集拓展出一个新的应用领域——利用云端、云控、云智"三云"技术手段+物联网实现三维动态数据采集。

杭州星科智控科技有限公司将三维动态数据采集技术应用于仓储领域的智能化库存盘点管理。公司的飞控技术在农业领域、消费领域已初显成效。在物联网时代，公司已有能力获取到无限的数据。通过数据，公司可从中洞察未来，实现快速创新。

公司拥有飞控算法、飞行预警算法、RFID 标签、服务器设计、后台数据分析等核心技术，为三维动态数据采集解决方案、定制化飞控解决方案、定制化物联网解决方案的实现提供了必要的技术支持。

公司主要通过为客户提供定制化三维动态数据采集解决方案、定制化飞控解决方案等获得收入。定制化飞控解决方案定位于场地范围广、地形复杂及监测位置要求高的行业，如农业领域，常被应用于农业植保、农田信息监测等。公司定制化物联网解决方案目前定位于工业、农业、物流业三个领域，如产品设备管理、温室环境信息的采集和控制、节水灌溉的控制和管理、供应链网络优化等。

此外，公司研发团队拥有运营无人机飞控项目的经验，并且在实践中探索出了飞控+物联网的三维动态数据采集这一新模式，同时将公司核心技术融合汇聚成"星·云端"、"星·云控"和"星·云智"，利用"三云"系列，为客户提供定制化服务，为产品有效赋能。公司依托"射频电路与系统"省部共建重点实验室等，一直在本领域内保持技术研发竞争力。

三、智能硬件类创业模式

中国智能硬件行业发展欣欣向荣，这股浪潮中不乏独角兽、引领者，许多企业也在此领域做出了尝试。为深入研究智能硬件类创业模式，本节选取了四种智能硬件类创业项目，它们虽然规模不大，但分别聚焦于不同的细分市场，并在细分市场中取得了不错的业绩，笔者研究分析其发展经验，并总结其成功原因。与互联网+服务类创业和大数据类创业不同的是，智能硬件类创业模式更聚焦于产业链条中的某个细分环节，或者是系统产品中的某个部件，以智能化技术支持实现细分环节和部件的智能化升级，从点到面，打开整体智能升级的通路，实现传统硬件设备的智能化升级；在竞争上形成对传统硬件设备的错位竞争，竞争优势较为明显，市场潜力比较大。

1. 智能水族箱控制器

杭州茂葳科技有限公司专业从事水族箱智能控制器的研发、生产及销售业务，现拥有以水族箱智能控制器为主的三大系列 30 余种产品。此外，公司产品还包括无线通信模块、无线数据传输模块、无线测温模块等，产品多线程控制流程图，如图 2-7 所示。

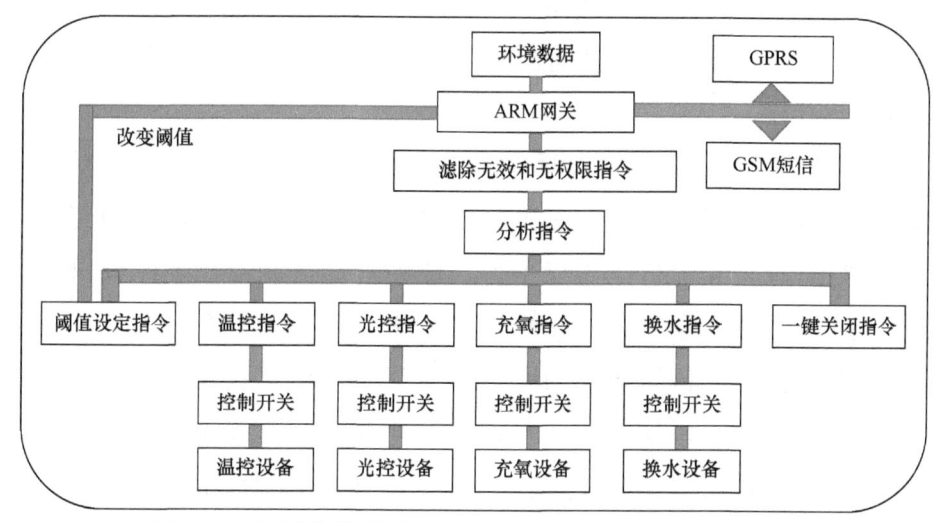

图 2-7　杭州茂葳科技有限公司产品多线程控制流程图

注：①GPRS 英文全称为 general packet radio service，中文名称为通用无线分组业务，是一种基于 GSM 系统的无线分组交换技术，提供端到端的、广域的无线 IP 连接；②GSM 的中文名为全球移动通信系统，英文全称为 global system for mobile communications，是由欧洲电信标准化协会制定的一个数字移动通信标准；③ARM 是英国 Acorn 有限公司设计的低功耗成本的第一款 RISC 微处理器，全称为 advanced risc machine

2014 年初，公司启动淡水渔业智能养殖系统的研发工作，延续主线技术，将控制室适用范围进一步扩展。公司产品均围绕无线传感网络技术及嵌入式软硬件开发技术展开，延续主线技术，创新升级，开展淡水渔业智能养殖系统的研发工作，同时展开市场铺垫，产品已在省内某淡水鱼养殖基地试用。

公司与水族箱领域龙头企业森森集团股份有限公司签订 10 年合作协议，确保稳定的市场份额，并以龙头企业的辐射作用，发展新客户、进入新市场。公司生产的水族箱控制器返修率仅为 0.13%，远低于行业 1%的标准。公司在提供优质产品的基础上，积极完善终端产品售前、售中、售后的服务需求。公司协助自身客户完善其服务，定期安排人员前往公司大客户的直销店以及产品体验中心，为消费者进行产品功能讲解。公司研发能力突出，还长期为元器件供应商提供技术支持，并邀请供应商研发人员进入公司研发部考察学习。公司把控核心研发设计、产品性能测试环节，电路板制作、元器件焊接等工序分别外包给浙江展邦电子科技有限公司、嘉善福尼电子有限公司等进行加工生产。

公司基于目前鱼类生存环境数据的积累以及无线传感技术的创新，凭借动态自组网功能和多关联信息情况下的数据分析能力与控制能力，构建渔业养殖智能监控平台。作为智能控制器领域的佼佼者，公司产品成为其他竞争者争相模仿的对象。为了保持在行业中的竞争力，公司持续加大科研投入力度，优化产品结构。公司将未来的发展计划定义为水族业智慧养殖，并积极提升渔业养殖现代化水平。

公司的相对竞争优势体现在，一是具有一定的技术创新能力，公司将有限的研发精力都投入到了水族箱控制器系列产品的研发升级上，产品每年可更新 10 余种品类。二是产品质量好，性能稳定。公司依靠质检部门把控产品最后一关，返修率仅为 0.13%。三是与大客户保持稳定的合作关系。公司与水族箱行业龙头企业森森集团股份有限公司签署合作协议，确保稳定的市场份额。

2. 智能尾气净化器

当人们正在并将继续享受柴油车油耗小、动力强、排放少所带来的经济效益时，细颗粒物（PM2.5）问题却日益凸显，且已经上升为国家层面关注的重大民生问题。2012 年 2 月 29 日，环境保护部和国家质量监督检验检疫总局共同发布的《环境空气质量标准》中，将 PM2.5 指标纳入其中。《2013 年度国家环境保护公益性行业科研专项项目申报指南》要求对柴油车尾气 PM2.5 减排和监管技术进行研究。

江苏瑞赛克环保设备科技股份有限公司的产品主要包括柴油车颗粒过滤器（diesel particulate filter，DPF）、车载监控器和过程监控分析软件等，它们被广泛应用于柴油车颗粒过滤器的再生处理，产品具有可靠性强、小型化、人性化、网络化和智能化等特点，旨在实现柴油车尾气处理装置的国产化和产业化。智能尾气净化器产品系统结构，如图 2-8 所示。该公司的柴油颗粒物过滤器是目前公认的消除柴油车尾气 PM2.5 较为有效的机外净化产品。它利用碳化硅多孔陶瓷吸附柴油车尾气中的 PM2.5，净化率达到 90%以上。该产品不但有效地解决了随着微颗粒物吸附量增多其他产品 DPF 内因空隙逐渐被堵塞而净化率降低的问题，还延长了 DPF 的使用寿命，并提高了发动机的有效动能。车载监控器用于监控尾气排放过程；过程监控分析软件则具有 DPF 再生过程在线监控和数据下载离线分析两大功能，用于控制过滤和再燃烧柴油车尾气 PM2.5。

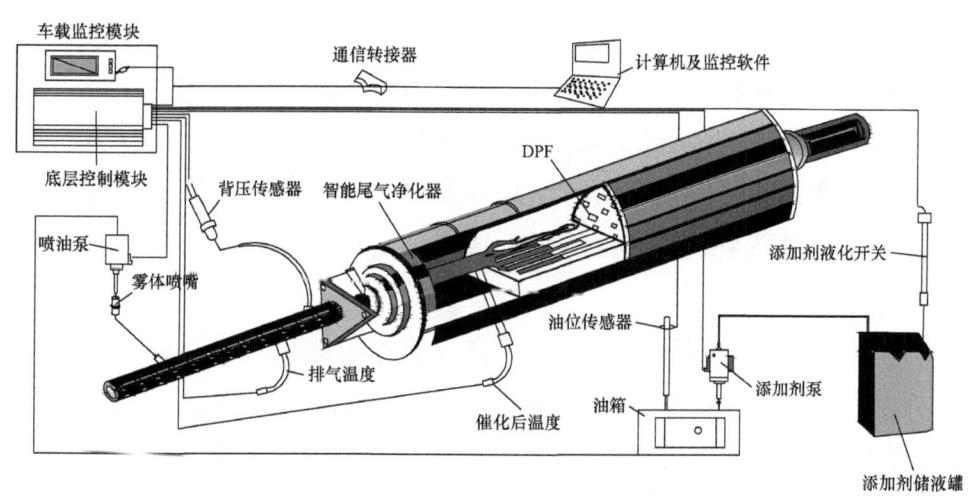

图 2-8 智能尾气净化器产品系统结构图

智能尾气净化器主要采用高压雾化喷油助燃催化再生技术，并基于控制器局域网络（controller area network，CAN）总线技术和嵌入式技术进行开发的。该产品已于 2009 年 6 月经国家轿车质量监督检验中心和天津索克汽车试验有限公司测试合格，并获得国家发明专利 1 件、实用新型专利 2 件、软件著作权 2 件，拥有完全的自主知识产权，打破了国外对此项技术的垄断。

公司秉承"以人为本，环保至上"的宗旨，立志通过推广柴油车颗粒捕集器车载监控系统，以降低柴油车 PM2.5 排放量，推进环保进程，实现社会价值，增加企业效益。与国外同类产品相比，该产品具有如下优势。

（1）成本低。国外产品由于占有市场优势，在国内市场形成了产品垄断和技术壁垒，在价格上明显偏高，而该产品在保证功能的前提下，降低了成本，有助于打破国外垄断，实现柴油车尾气处理系统的国产化和产业化。

（2）配有功能完备的监控分析软件。该软件同时具有 DPF 再生过程在线实时监控和数据下载离线分析两大功能。

（3）液晶操作器可设置参数多、通信方式先进。国外产品在通信上采用的是 RS485 总线，而该公司产品则采用汽车总线中应用最广泛的 CAN 总线。产品可便捷地融入汽车电子控制系统中，通过 CAN 总线进行通信，并可以共享所有信息和资源，达到简化布线、避免控制功能重复、提高系统可靠性、降低成本、更好地匹配和协调各个控制系统的目的。

（4）优化控制器结构。国外的产品将主控制模块和高压泵驱动模块分离，采用可编程逻辑控制器（programmable logic controller，PLC）驱动控制外围设备，来提高主控制模块的抗干扰性。该公司产品的主控制器除了具有基本的采集功能外，还集成了喷油泵驱动电路，这样不仅降低了成本，而且提高了系统的紧凑度；此外，主控制器设计采用全隔离电路有助于提高系统的可靠性。

柴油车颗粒捕集器车载监控系统敏感地捕捉到了当前社会亟待解

决的重大热点问题——降低 PM2.5 排放量,因此在市场上几乎不存在竞争对手,具有比较广阔的应用前景。该产品的目标客户是国内的 DPF 生产厂商。

对于该产品来说,最好的方式是一方面通过对节能效果的宣传,争取获得政府的帮助,诱导消费者优先购买使用该产品的柴油机动车;另一方面是摆数据、讲事实,让柴油机动车生产厂商意识到使用该产品后,虽然增加了一定成本,但在后期柴油机动车的养护上将获得较大收益。对于该公司来说,一方面需要尽快实现规模化生产,降低产品成本,以吸引更多的潜在客户,同时建立成本壁垒,防止模仿者和相关上下游企业进入该细分市场;另一方面也需要通过技术的不断更新迭代和产品规模化生产,逐渐建立技术壁垒,强化自己的技术领先优势。

第3章 以新兴信息技术推进农村电子商务转型升级

2015年,《关于加大改革创新力度加快农业现代化建设的若干意见》首次明确提出"支持电商、物流、商贸、金融等企业参与涉农电子商务平台建设"后,我国农村电商得到迅速发展,在促进农村创业就业、助力农民脱贫增收、促进农业转型升级等方面发挥了巨大作用。农村电商作为信息技术与农村经济融合的典型代表,已成为融合城乡发展、推动振兴乡村的重要载体。近几年以淘宝村为代表的农村电商发展迅猛,但也面临一些问题,主要表现为协同难、融资难、盈利难、缺标准、缺数据、缺人才。为优化农村电商发展,笔者调研了浙江省部分地区的农村电商,分析了农村电商发展模式、现状及存在的问题,提出系列建议以推动农村电商中小企业转型升级。

一、农村电商发展现状与模式

1. 总量发展迅速,但仍有巨大的提升空间

全国农村网络零售额增长迅速。商务大数据监测显示,全国农村网络零售额从2015年的3530亿元扩大至2019年的1.7万亿元,增速连续5年快于全国网络零售增速[1]。受新冠疫情影响,2020年上半年农村电商"逆势而上",全国农村网络零售额达7668.5亿元,同比增长5%;全国农产品网络零售额达1937.7亿元,同比增长39.7%[2]。当前仍有巨大的市场潜力。2019年,全国农村网络零售额占农村社会

---

[1] 舒昕. 2021. 数字乡村建设激活乡村振兴新动能. 农经, (6): 44-49.
[2] 维红. 2021. 移动互联网蓝皮书:中国移动互联网发展报告(2021). 北京: 社会科学文献出版社.

消费品零售额的28.3%，仍有较大市场潜力。截至2020年6月，我国农村地区互联网普及率为52.3%，仍有较大的人口红利。浙江农村电商总量位居全国第一，2019年农村网络零售额占全国的比重为36.8%；2020年农产品网络零售额达1.8万亿元以上[1]。浙江农村电商呈现规模化、专业化发展趋势。

2. 空间分布以浙江为中心，在东南沿海集聚，向中西部扩散

当前，农村电商在空间分布上呈现出东南沿海高度集聚的趋势。《2020中国淘宝村研究报告》统计显示，目前淘宝村数量最多的前20个城市都分布在东南沿海，这些城市共集聚了3865个淘宝村，占全国总量的71.2%。浙江、广东、江苏三个省份的淘宝村数量遥遥领先，占全国的63.5%。浙江是农村电商的中心。以淘宝村为例，浙江淘宝村数量一直占全国的1/3左右。截至2020年9月，全国5424个淘宝村中有1757个在浙江；淘宝村数量最多的前10个城市中，6个在浙江[2]。当前河南、湖北、江西、安徽等中部省份逐渐崛起，形成了东—中—西的梯度增长格局。淘宝镇是中西部地区电商发展的核心单元，2019年中西部地区的淘宝镇数量达到210个[3]。

3. 发展阶段大致相同，但模式存在较大差异

多数农村电商发展都经历了萌芽、扩张、爆发三个阶段。在萌芽期，少数农村人群接触电子商务，成为草根创业者，自发创业、自发成长。在扩张期，农村电商的财富效应迅速向周边扩散，示范带动一批从业者，在政府引导和支持下快速扩张。在爆发期，农村电商逐渐

---

[1] 2020年中国农村电商行业市场现状及竞争格局分析 2020年网络零售规模将近1.8万亿元. https://bg.qianzhan.com/trends/detail/506/210204-9fc48526.html，2021-02-04.

[2] 卢正源.2020.中国农村电商市场前瞻预测与投资规划分析报告[R]. 杭州：阿里研究院；北京：前瞻产业研究院.

[3] 阿里研究院，阿里新乡村研究中心，南京大学空间规划研究中心，等. 淘宝村十年：数字经济促进乡村振兴之路中国淘宝村研究报告（2009～2019）. https://www.waitang.com/report/323884.html.

规模化，服务体系逐渐健全，产业呈爆发式增长。各地发展模式各不相同。从主营产品和服务类型看，可以将当前农村电商分为农贸类、工贸类和纯贸易类三类。从地理区位上看，东部沿海省份农村电商主要依托原有特色产业基础；中西部地区的主营产品与地方资源联系紧密，如手工制品、传统手工艺品等；东北地区则以农产品为主打产品。

4. 产业开始转型升级，"三产"逐渐融合，新业态发展迅速

产业向技术密集型转型。主营产品逐渐升级，家电、灯具、五金工具、餐具等耐用品快速上升，反映出产业升级态势。淘宝村百强县开始由传统劳动密集型向技术密集型转型，形成多个产业集群融合发展的新格局。随着新技术的广泛应用，农村电商开始与文旅、农旅产业相结合，第一、第二、第三产业融合特征开始出现，品牌影响力开始凸显。直播电商、社交电商等新业态、新模式发展迅速，农村直播电商更是呈爆发式增长态势，并形成一股"直播新势力"。2020年有87.6%的淘宝村开展直播，直播50强的淘宝村有25个位于浙江。

二、农村电商发展面临的主要问题

1. 管理部门分工不清，缺乏系统性思考和协同机制

政策供给缺乏系统性、战略性思考。目前，部分地方政府对于如何发展农村电商缺乏系统性认识，对农村电商与地方经济的融合发展研究不深，对农村电商如何解决农业农村核心问题，缺乏统筹性、统领性的构想和设计，对资金和项目缺乏长远规划，而是更倾向于从快速实现政绩的角度推动农村电商的发展。

管理部门责任分工不明确，缺乏协同性。农村电商涉及商务、农业、工信等部门，这些部门某些工作内容有交叉，所以在政策制定和推进上缺乏互联、互通的协同机制。有些政策制定范围过宽，又涉及

其他部门职能，所以难以直接落实，变成空架子，也制约了本部门政策的充分发挥。

2. 数据共享难，无法有效支持决策

因缺乏政策和软硬件技术的支撑，大量个体网商数据未被纳入管理部门的统计范围内。部门数据分割现象较为突出。一些部门担心公开数据会削弱自身权力、增加社会监督压力，所以难免造成数据不共享、不兼容、不公开的局面。一些垄断性电商平台数据开放范围和程度有限，导致政府部门难以掌握当地农村电商发展详情，这也使得政策制定缺乏针对性。

3. 信用体系不健全，商户融资难

信用体系建设滞后，农村征信覆盖面较小，难以全面采集整理和评估征信信息，尤其在某些经济欠发达地区，信用意识不强，信用文化匮乏。在实际交易过程中更多地使用微信、支付宝等移动支付工具，无法提供银行账户交易流水，资产状况难以调查。农村金融生态较差，金融产品和服务创新不足，因此适合农村电商的信贷产品较为缺乏。

4. 同质竞争严重，盈利空间被压缩

大部分农村电商生产模式粗放，以低端客户和单一产品为主，产品技术含量低，利润空间狭小，缺乏品牌意识。阿里研究院调查显示，仅少量淘宝卖家进行品牌打造，大部分卖家以复制、抄袭他人产品为经营手段，缺乏创新，同质化恶性竞争严重。成本持续上涨，土地成本、用工成本、平台成本、营销成本越来越高，导致农村电商利润空间被严重压缩。

5. 农产品行业标准缺乏，产品上行难度大

农产品标准建设相对滞后，认证体系、溯源体系、检验检测等品质保障体系不健全，导致同类产品价格、品质差异明显，产品质量和安全问题突出，产品定位、品牌策划、包装设计、促销方案以及售后服务等方面还有很大的提升空间。农产品上行渠道不通畅。由于物流价格、冷链设施、保鲜技术、产品营销和运营人才等多方面的制约，农产品上行一直是农贸型电商发展的难题，这也导致农贸型电商集群发展速度相对缓慢。

6. 专业人才稀缺，人才培养和引进效果不佳

当前，我国农村电商存在巨大的人才缺口，《2020 中国农村电商人才现状与发展报告》预估，2025 年仅农产品上行电商的人才缺口将达到 350 万人。实践证明，政府开展的就业能力培训等可以显著提升电子商务使用量，并起到增加农村居民收入的作用。但当前的培训课程质量普遍不高，培训机构重复建设严重，培训缺乏专业性，真正符合农村居民创新创业需求的培训少之又少。

三、以新兴信息技术优化农村电商发展的对策建议

1. 加强科学统筹规划

分阶段制定重点任务。政府应树立正确的政绩观，加强科学统筹和规划，并根据农村电商发展阶段科学制定工作任务。萌芽期关键是找到合适的人和合适的模式，要积极加强对创业领军人物的培养，完善基础设施和制度建设；扩张期要加强创业氛围的营造和对行业的监管，通过示范作用带动人们的创业热情，提升区域创业活力；爆发期要积极转变角色，履行监管和规范市场的责任，培育新业态、新模式。

推进产业多元化、智能化。要强化配套产业链，推动产品的垂直

多样化和水平多元化发展，引入云计算等新兴技术，完善交易、金融、物流、信用等智能服务体系，以支持农村电商智能化发展。

促进三产融合发展。推动农产品、特色工业品、乡村旅游等的电商化、标准化、品牌化、规模化，创新三产融合模式，加快三产融合。

2. 培育四高创业生态

高全员参与度。创业榜样越多，人们的创业积极性越强；邻里、社交圈、协会间的学习交流，能显著促进农村电商营业额的增长。所以要培育典型，以点带面，加大电商致富成功案例的宣传力度，通过各种协会组织加强交流，传授成功经验，提升创业参与度。

高产业多样化。总结临安、杭州、嘉兴、湖州、慈溪、余姚等地促进产品多样化的经验，在其他地区积极推广。政府应集中精力加大政策支持力度，引导产品垂直多样化发展；大力推广智能设备，提高产品多元化发展水平。

高信用体系。地方政府主导构建并完善农村信用采集规则、评级制度、信用管理规定等行业信用规则体系，由电商协会落实征信工作，建立优质的网商贷款支持机制和失信行为联合惩戒机制。

高要素循环。建立物流共同配送联盟，推动发展共享物流模式，以降低物流成本、提升时效性，畅通城乡要素双向循环。

3. 打造四低营商环境

低创业进入门槛。农村电商发展初期创业成本的降低和社区创业领头人的作用等，比投资产业园、物流中心等基础设施等更为有效。因此，要进一步发挥协会的作用，形成区域合力，尽可能压低土地租金成本、平台成本、物流成本，提高政府的服务效率。

低抱负创业扶持。经调查研究发现，85%的农村电商属于以当地市场为导向进行被动模仿的低抱负创业活动[1]，此类创业活动的扶持措施是保证创业成功的一个重要因素。要明确本地创业群体特征，针对低抱负创业活动的特点制定扶持政策。

低资源重复投入。当前农村电商基础设施重复建设、资源重复投入的现象仍较为突出。因此，要优化资源统筹，减少重复投入，在没有形成较为成熟的产业基础和创业氛围前，应加强示范企业培育和电商网点建设，不宜超前布局产业园区。

低企业运行成本。要加快农村土地制度改革，盘活集体经营性建设用地，丰富土地要素支撑。另外，还要降低企业税费负担，减少用电用气成本，提升政务服务效率，规范社会中介服务，简化办事流程。

4. 做好四个投入下行

人才下行。如何找到合适的人和合适的模式，是萌芽阶段最关键也是最难的问题。建议设立农村电商领军人才培养专项基金，强化创业领军人才培育和引进奖励。研究发现，教育年限为 11 年左右的人创业概率最高[2]，且受教育程度会显著影响电商收入水平。因此要选拔一批既有创业积极性又受过一定年限教育的人，对其进行电商实务培训，只有这样才能提高培训的针对性和成功率。

数据下行。纵向建立市、县、乡、村各级业务平台间的信息通道，横向建立管理部门之间的信息共享机制，打通与电商平台数据的共享通道，实现农村电商信息资源的统筹管理和综合利用。

资金下行。结合电商平台数据库、政府监管信息和电商征信体系，创新农村金融服务，吸引各类社会资本提供小额存贷款、支付结

---

[1] 梁强，邹立凯，杨学儒，等. 2016. 政府支持对包容性创业的影响机制研究——基于揭阳军埔农村电商创业集群的案例分析[J]. 南方经济，（1）：42-56.

[2] 王金杰，李启航. 2017. 电子商务环境下的多维教育与农村居民创业选择——基于CFPS2014和CHIPS2013农村居民数据的实证分析[J]. 南开经济研究，（6）：75-92.

算和保险等服务，鼓励投资者通过融资参股、风险投资等方式解决农村电商资金问题。

规则下行。建立政府部门联席协同机制，厘清工作规则；完善基层行业协会商会等社会组织运行规则，充分发挥其在服务企业发展、规范市场秩序、开展行业自律、制定团体标准、维护会员权益、调解贸易纠纷等方面的作用，并优化农村电商运行规则。

5. 推动四个产出上行

特色产品上行。农村地区的第二、第三产业的快速发展是发展农村电商的前提条件。因此要培育具有竞争优势的特色产品，围绕产品布局产业链，鼓励创新创业，以实现特色产品的规模化生产。

品牌上行。支持行业协会制定品牌认定规则和机制，由行业协会背书并指导建立系列品牌，严格进行生产组织、监督管理、质量认证，以实现产品可追溯、质量有保证、附加值有提升，并通过政府对外宣传，以扩大品牌影响力。

标准上行。建立标准上行和推广体系，鼓励奖励农村电商企业参与相关标准的制定，将产品产业优势转化为标准优势，以抢占领域话语权。

模式上行。提炼总结形成可复制、可推广的成熟经验模式，逐渐向广大中西部地区进行模式输出，扩大产业规模和影响力。

第4章 以数字化赋能推动中小企业转型升级

在抗击新冠疫情过程中,浙江数字化优势在企业复工复产方面发挥了较大的作用,"大数据+网格化"密切跟踪疫情形势变化,在助力精准防疫上发挥了重要作用。在前期调研的基础上,笔者提出要进一步发挥数字化的作用,在加强疫情防控背景下拓宽中小企业转型升级的路径,以及培育壮大数字经济新产业、新业态、新模式的对策建议。

一、用数字化赋能疫情下的中小企业

1. 加强大数据联动共享与开放应用

加大疫情防控数据联动汇集与共享力度。针对防疫工作中多部门缺乏协调、多头要数据、增加基层负担的问题,要进一步完善信息统筹机制,明确浙江省大数据发展管理局作为数据进出的唯一通道和数据归集的唯一平台,通过大数据实现部门实时联动共享,从机制上避免各部门、各条线向基层派任务和要表格,而增加基层工作量的现象。

加强疫情防控数据区域开放共享。对疫情防控医疗资源和生产生活物资供需状况、企业生产状况、人员与原辅材料需求等进行大数据分析,实现省、市、县(区、市)、街道(乡镇)不同层级共享和跨区域共享,并根据实际情况向基层和相关企业开放。

加强对疫情影响下经济运行数据的监测和研判。利用"亩均论英雄"监测平台、"天罗地网"监测平台、"订单+清单"外贸监测平台等进行大数据分析,推进企业分区分类有序复工。加快推进政府经济数据向企业、高校和科研院所开放，利用开放数据资源进行挖掘和应用开发，分析研判各行业经济发展趋势与困难，为明确政府和市场在复工复产不同阶段的分工与着力点、充分合理地发挥各自作用提供支撑。

2. 建立大数据共享试验区

疫情期间，长三角"三省一市"就建立重大防御管控举措的相互通报机制、恢复生产人员物资运输和保障通行便利化的机制等达成了一系列共识。长三角地区应加强紧密合作，着眼于全球竞争的需要，共建长三角区域"大脑"，打造数字长三角的"神经中枢"，推进数据整合、共享、开放和运用；率先打破数字空间与现实空间分离的状态，全方位整合路网数据、医疗数据、人口数据、教育数据、交通数据等，构建跨城市、跨行业、跨地域的长三角统一公共数据池和长三角地区大数据共享网络平台，逐步形成一体化的"长三角城市大脑"。以数据流引领技术流、物资流、资金流、人才流，促进长三角经济结构的转型升级和一体化高质量发展，打造具有全球竞争优势的跨区域综合试验区。

3. 发挥产业园区数字化平台信息枢纽的作用

受疫情影响，更需要提高产业园区的数字化管理与服务能力，提升园区大脑（数字化管理平台）功能，发挥其信息枢纽作用，根据复工企业的不同类型与时间，加强系统管理，实现园区内部与外部的信息互联互通，提升园区疫情智慧管控水平，促使园区企业做到精准排查、联防联控。

通过园区"大脑"帮助解决原材料供应、上下游协作、物流畅通等问题，开展应急资源大数据协同分析，开展原材料、零部件的协同寻源和采购工作，协同供应商管理，协同集中化、共享化的物流配送和服务，助力解决供应商原材料、零部件进不来、复工生产后产品运不出去的问题。通过园区"大脑"帮助企业与数字技术资源对接，精准提供检验、测试、实验、专利事务咨询等服务，促进产品研发设计工具、生产设备及零配件等资源共享，为园区企业提高运营效率、管控风险起到保障作用。

二、加快推进中小企业数字化转型

1. 加快推进工业互联网落地应用

工业互联网对优化企业供应链管理、避免疫情给企业之间的合作带来不良影响起着重要的作用。对此，要推动中小企业积极利用supET 工业互联网平台等，鼓励企业依托工业互联网平台和技术积极进行产品、业务、模式创新，着力打通中小企业生产经营各环节的数据链。支持工业互联网平台开发商和服务商，研发适应中小企业特点和需求的工业软件等，并制订数字化解决方案。依托现有产业平台和创新载体成立中小企业数字化转型的服务中心，提供更丰富、更专业的工业互联网平台服务内容，提高数据中台等适合中小企业数字化转型的数据服务水平，着力突破中小企业数字化转型技术服务瓶颈。

2. 提高员工数字化能力

数字化人才短缺是制约中小企业数字化转型的主要障碍之一，需要通过政府补贴或购买服务的方式为中小企业员工提供数字化能力培训。实施中小企业"上云"计划，组织开展中小企业上云培训、线上辅导，深入推动中小企业上云的相关工作。通过给中小企业发放培训券、学习券，引导中小企业的数字化转型。开展中小企业培训、经验交流活动，通过中小企业经验线上分享、行业数字资源共享、中小企业联产联销线上平台联合互助等方式推动中小企业开展自助自救。

积极组织引导中小企业参加线上学习，提高培训参与度以保证培训效果，组织资质合法、信誉良好且可以为企业提供线上培训服务的平台机构为企业提供咨询服务，同时还要积极制作适合企业需求的精品课程视频等数字资源，以满足中小企业的实际需求。

3. 实施更加积极的资金扶持政策

资金短缺、扶持不够、投入不足是中小企业疫情时期数字化转型的难点和痛点。建议实施"中小企业抢鲜试用计划"，由政府补助推动中小企业短期试用 SaaS（software-as-a-service，软件即服务）服务、在线任务管理、项目管理、工作流管理服务、云服务、数据资源挖掘等前沿数字服务和数字技术，增强中小企业数字能力、竞争力和生存韧性。扩大政府购买中小企业数字化服务的范围，对首试先用数字化转型软件和解决方案的中小企业给予奖励，进一步推动中小企业专网降费用、提速率，努力降低企业数字化转型成本。

发挥政府产业基金的作用，浙江省工业与信息化发展及振兴实体经济（传统产业改造）等专项资金、制造业高质量发展示范县创建激励资金等要重点支持企业数字化改造。小微企业信贷"增氧"计划要把数字化改造作为重点任务，以拓宽小微企业数字化转型的融资渠道，鼓励引导金融机构针对中小企业数字化转型提供专项授信政策，推出"融资、融物、融服务"的金融解决方案，拉动中小企业加大数字化投资力度。

4. 推动数字化供应链金融建设

鼓励供应链上下游企业互帮互助，如上下游企业之间在资金、商品价格等方面可相互扶持。鼓励有资金实力的龙头企业搭建合规化管理的数字化供应链金融平台，通过大数据、人工智能和区块链等数字化技术手段，快速分析和评价授信对象企业，整理、分析和处理质押票据数据，对存货质押融资要及时准确地核定，并进行有效保障，帮助供应链上中小企业解决融资难的问题,并强化金融风险和社会责任风险管控。

税务机关在供应链金融监管中对交易价格是否公允、是否需要纳税调整等方面的认定上应给予相应支持,按照公允价格进行纳税调整并要求企业补缴税款。

三、培育壮大数字经济新产业、新业态、新模式

1. 做大做强大数据和人工智能产业

随着社会的发展,大数据和人工智能产业的重要性更加凸显。制定出台政府数据开放应用的规范与政策、提高政府数据开放的质量,以政府大数据开放应用带动企业、社会大数据汇聚融合,在融合创新中激活数据价值,为企业和社会提供增值服务,扩大数据应用市场。在全省特色块状经济产业带和专业市场建设行业大数据中心,推动面向企业财税、商务、金融、科技等领域大数据的挖掘利用,为企业转型升级提供数据服务,培育数据交易市场。推动5G+人工智能产业发展,重点加快发展智能硬件产业,在智能服务机器人、智能医疗健康、高端智能穿戴、智能家居及工业级智能硬件产品等方面实现技术突破和产品创新。

2. 加快发展服务经济新模式

在疫情防控中,被"可视化电商平台"赋能的、线上线下结合的新业态重塑了零售业的价值创造和价值获取的商业模式。加大对"线上下单、无接触配送""生鲜电商+冷链宅配""体验+零售""品牌+场景"等新商业模式的扶持,有助于推进生活性服务业向智能化、在线化、清洁化方向发展,提高服务效率,加快释放新兴消费潜力。针对中小企业中出现的人手紧缺现象,鼓励通过弹性人员派遣、即插即用式人员培训等新模式,共享服务业人力资源。

3. 构建新型劳动用工制度和社会保障制度

科学界定电子商务、网络送餐、快递物流等数字经济新业态劳动用工的类型，给予积极支持并进行分类规范引导，明确企业和从业人员以及关联单位的权利和义务。鼓励劳资双方利益兼顾、风险共担，维护员工带薪休假权益的同时，不搞一刀切，允许困难企业与员工协商带薪休假的具体方式和工资支付方法，稳定企业生存环境。加大稳岗补贴支持力度，对不裁员或者少裁员的企业发放稳岗补贴，在原来稳岗补贴政策基础上适当提高补贴标准。组织人力资源服务机构为企业紧缺用工提供免费服务，政府给予相应补贴。企业要接受相关部门的监管，企业在支付雇佣者报酬时需为其代缴社保费用，以简化相应流程。

第 5 章　以开发区（园区）数字化
改造推进中小企业转型升级

传统开发区（园区）是产业发展的主要载体，改革开放 40 多年来对引导产业集聚、促进体制改革、改善投资环境、发展开放型经济发挥了重要作用。在新一轮科技和产业革命蓬勃兴起、我国经济由高速增长转向高质量发展的新形势下，传统开发区（园区）面临着转型升级的重大挑战，开发区（园区）的数字化改造是推进信息技术与企业融合发展、推动中小企业转型升级的重要路径。根据笔者的前期调研，在本章笔者将分析加快开发区（园区）数字化改造的现实需要和存在的不足，以浙江省为对象，提出加快开发区（园区）数字化改造、推动中小企业转型升级的对策。

一、加快开发区（园区）数字化改造的现实需要

1. 深入实施数字经济"一号工程"的重要内容

互联网、大数据、人工智能与传统产业深度融合的基础能力建设，是数字经济特别是产业数字化发展的关键，依托开发区（园区）构建涵盖"软（软件）、硬（感知与自动控制设备）、云（工业云与智能服务）、网（工业互联网）、数（大数据与人工智能）"一体、交融、聚变的数字化基础设施，提供行业公共性数字化服务，能强化数字技术对传统产业的黏合、承载、反馈和赋能作用，有效降低单独企业开展数字化改造的难度和成本。开发区（园区）数字化改造也是变革传统生产方式、组织方式为精准化资源配置方式、自动化组织生产方式和网络化企业互联方式的基本路径，是开发区（园区）转型和跃升的

创新动力与技术支撑。

2. 实现绿色发展的必由之路

"宽带、融合、泛在、安全"的开发区（园区）数字化设施，是推行清洁生产、实施智能制造、提高生产效率的基础；数字化能源综合管理系统可有效降低开发区（园区）能源运营成本，同时降低入驻企业运营成本；数字化管理协同平台能使园区企业建立共生代谢关系，最大限度地减少资源消耗量和污染排放量。因此，数字化改造是建设生态开发区（园区），实现绿色、低碳、环保、可持续发展生产的有效手段。

3. 推进产城融合、加快新型智慧城市建设的有效载体

随着开发区（园区）逐渐由城市边缘地区转变为集生产与生活于一体的综合城区（产业新城、特色小镇），大量城市要素在开发区（园区）内并存聚集，开发区（园区）承载的功能正在日益多元化。智慧开发区（园区）是智慧城市的重要表现形态，其体系结构与发展模式是智慧城市在一个小区域范围内的缩影。我们迫切需要通过开发区（园区）数字化改造，并以新型智慧城市的理念系统规划、管理、开发、运作产业开发区（园区），推进产城深度融合。

二、浙江省开发区（园区）数字化改造中存在的问题

《中国开发区审核公告目录（2018年版）》显示，截至2017年末，浙江省共有国家级经济技术开发区 29 家（含海关特殊监管区 8 家），省级经济开发区 81 家，另有 900 多家工业功能区。近些年，浙江省开发区（园区）管理信息化、控制智能化、制造数字化和服务网络化水平明显提升。浙江省省级"两化"深度融合国家示范试点区域基本上都以开发区（园区）为依托，开发区（园区）成为"两化"深度融合的平台和载体，有效支撑了机器换人、数字工厂、企业上云等数字化

转型项目。尽管开发区（园区）数字化水平不断提升，但从总体来看，其发展还比较不均衡，主要存在以下几个问题。

1. 开发区（园区）数字化改造的企业动力不足

开发区（园区）企业上云等数字化改造主要局限在单体层面应用上，对提质、增效、降本的作用不够显著。大部分企业在研发设计协同化、生产过程智能化、能源管控集成化、服务模式延展化和个性化定制等方面尚处在较低水平。大多数中小企业认为，数字化改造投资回报周期长、转换成本高，存在顾虑多拍板难、推动数字化改造形成合力难、技改后数字化生产线维护难等问题，因此缺乏数字化改造的内生动力。

2. 开发区（园区）数字化服务能力不强

有的开发区（园区）缺乏"以用户为核心"的理念，仅做表面文章，有的只是增加一些摄像头，或者仅仅是在一些服务项目加上了 APP 等，有的信息系统没有从企业需求着眼，用户体验满意度低、利用率低，不能为开发区（园区）集聚的中小企业数字化转型提供切实可行而又低成本的系统解决方案。

3. 数据整合共享应用不足

开发区（园区）大数据平台缺失或者作用不够明显，缺乏企业间数据的交换、融合，工业大数据资源尚未得到有效挖掘和利用。信息孤岛状态比较突出，开发区（园区）的环境、能源、物流、车辆、人流数据，只能孤立地收集与输出，不能做到整体分析与主动判断。政府公共数据面向企业开放的程度不高。同时，网络与信息安全特别是云安全压力不断增大。

4. 与产城融合的数字化需求不相适应

社会对与开发区（园区）城市功能相关的文化教育、医疗卫生、人力社保、社会管理等社会领域的数字化建设与应用的要求日益提高，但很多企业的生产功能还比较单一，运用数字化、网络化、智能化思维与手段开展社会治理与环境保护的能力不足。

5. 可持续投入与运行的商业模式缺乏

对开发区（园区）数字化改造的经济性、适用性和可持续性考虑不足，仅依靠政府投入难以长期为继，往往虎头蛇尾。开发区（园区）数字化改造的持续投入与运行缺乏有效的商业化路径与模式，社会化资本利用不足，政府负担过重。

三、加快开发区（园区）数字化改造、推动中小企业转型的对策建议

1. 以工业互联网提升开发区（园区）产业数字化水平

启动开发区（园区）工业互联网创新应用示范试点行动。把开发区（园区）作为载体，系统构建工业互联网的网络、平台、安全三大功能模块，打造人、机、物全面互联的新型网络基础设施的重要载体，加快 supET 等跨行业、跨领域的工业互联网平台在园区的推广应用。围绕开发区（园区）产业全要素、全产业链、全价值链连接需求，培育打造一批开发区（园区）工业互联网平台以及面向园区场景的工业 APP，形成园区数字化、网络化、智能化发展的新兴业态和应用模式。

实施园区企业"两化"融合资源共享行动。围绕园区产业转型升级需求，深化"机器换人"、"工厂物联网"和"企业上云"等专项行动，探索创新园区数字化资源共享的模式与机制，大力推广龙头企业与中小企业协同制造、协同研发、协同采购、协同供应链以及服务型制造、个性化定制等"互联网+制造"新模式，支持开发区（园区）联

动推进"标准化+""品牌+""设计+"建设,打造一批示范开发区（园区）。

提高开发区（园区）数字化改造服务能力。推广浙江陀曼智能科技股份有限公司"数字化制造、平台化服务"的经验模式,以开发区（园区）龙头企业和软件企业为基础,培育一批面向开发区（园区）产业集群的数字化工程服务商,提高开发区（园区）智能制造服务支撑能力,推动龙头企业带动中小企业生产从智能生产线、智能车间迈向智能工厂。

2. 以数字服务平台优化开发区（园区）数字化基础设施

提升园区网络基础设施水平。以"宽带、融合、泛在、安全"为导向,夯实园区宽带网络建设。实施"千兆智联""NB-IoT[①]推广应用""IPv6[②]规模化部署""LPWAN[③]智慧园区"等专项行动,提升用户普及率和网络接入覆盖率,促进5G网络深度覆盖和光纤宽带提速。改造开发区（园区）企业内网,推进工业互联网标识解析应用,加快建设低时延、高可靠、广覆盖的园区工业互联网网络基础设施。

打造开发区（园区）数字化公共服务平台。通过线上线下结合,围绕龙头企业和中小企业用户需求,提供基础物业服务、生活与商务配套服务、园区能源管理服务、金融服务、云服务等。基于统一的开发区（园区）云服务平台,各项垂直服务以插件形式根据需求进行开发和扩展,成熟一个,上线一个,最终形成相互支持的整体系统。

加快开发区（园区）基础设施数字化升级。推进开发区（园区）市政公用设施、环卫设施、地下管网等基础设施数字化改造,构建市

---

① NB-IoT,即窄带物联网,英文全称为 narrow band internet of things。

② IPv6 是英文"Internet Protocol Version 6"[《互联网协议》（第 6 版）]的缩写,是互联网工程任务组设计的用于替代 IPv4 的下一代 IP 协议,其地址数量号称可以为全世界的每一粒沙子编上一个地址。

③ LPWAN（low-power wide-area network,低功率广域网络）也称为 LPWA（low-power wide-area,低功率广域）或 LPN（low-power network,低功率网络）,是一种用在物联网（如以电池为电源的感测器）,可以用低比特率进行长距离通信的无线网络。

政设施管理感知网络系统，实现建筑管理、能源管理、污染排放管理、安全管理和社会管理的数字化、智慧化应用。

建立健全园区网络安全保障体系。加强园区企业网络安全教育，提升网络安全风险防范和数据流动监管水平，打造基于主动防御的园区数据与网络安全体系架构。

3. 以开发区（园区）"大脑"推进开发区（园区）数据资源共享

建立开发区（园区）大数据管理平台。整合、改造、提升传统数据中心功能，将开发区（园区）"大脑"打造成为深度链接和支撑数字经济、数字社会、数字政府协同联动发展的综合基础设施。使孤立分散的开发区（园区）内的企业通过"大脑"找到各自的归属，推动开发区（园区）内部与外部的信息互联互通。对开发区（园区）内企业生产经营数据、工业建筑物的地理位置，以及建筑状况、人员、车辆等基础信息进行全录入，实现对开发区（园区）内基础信息的实采实录、实时更新。

以开发区（园区）"大脑"带动工业大数据应用。应用开发区（园区）"大脑"集成开发区（园区）内产品、机器、资源和人员等数据，以整合、构建应用工业大数据的机制，深度挖掘工业大数据的价值。发挥开发区（园区）部分大型龙头企业已实现工业大数据分析与应用的优势，帮助中小企业逐步实现数据实时采集，实施数据驱动的生产排程、产品质量管理、能源管控。通过大数据分析提高企业对市场预测和经营管理的水平，推动开发区（园区）内企业生产设备和原材料、零部件协同响应市场需求。

发挥开发区（园区）"大脑"的信息枢纽作用。通过开发区（园区）"大脑"后台数据分析整理功能，对开发区（园区）内所有企业的工商登记、产业门类、具体厂房楼层、生产经营状况、租赁合同期限等进行动态管理。参考推广嘉善县创新建立"企房云管家"平台的经验，形成中小企业园智慧服务管理模式，通过开发区（园区）"大脑"对开发区（园区）内企业实施集中管理、动态更新和"一站式"服务，为开发区（园区）项目对接、日常监管和绩效评价等工作提供信息保障。

4. 以政府数字化转型促进开发区（园区）治理能力现代化

着力优化开发区（园区）营商环境。以深化"最多跑一次"改革为引领，构建开发区（园区）统一协调、互联互通的政务服务体系，大力推广应用"浙政钉"和"浙里办"，加快实现"掌上办事""掌上办公"，探索构建开发区（园区）政务服务"零上门"机制。借助综治工作、市场监管、综合执法、便民服务等"四个平台"的基层治理力量，由开发区（园区）服务管理中心牵头，将综治、环保、安监、市场监管、新居民等部门整合成"一张网"，打造"信息收集全、职能发挥全、业务能力全"的"全科网格"队伍。

建立开发区（园区）信息资源目录体系和政府数据采集机制，完善开发区（园区）人口、法人、信用等基础数据库。推动数据资源创新应用，强化开发区（园区）政务数据与企业、社会数据的汇聚融合和关联分析，并对园区产业、财税、商务、金融、科技、人才等数据资源进行挖掘和利用。

第6章　基于"互联网+"的供给侧结构性改革

"互联网+"是推动供给侧结构性改革的新动力。自2015年7月国务院出台《国务院关于积极推进"互联网+"行动的指导意见》，将"互联网+"上升为国家战略行动加以推进以来，互联网加速向各个领域全方位、全角度、全链条渗透，传统动能转换提升的步伐加快，为加快供给侧结构性改革作出了重要贡献。浙江省是"互联网+"产业转型的主要策源地和先导区，契合"互联网+"行动计划推动供给侧结构性改革的要求，理应走在全国前列。笔者将分析"互联网+"对供给侧结构性改革的作用，以浙江省为例分析供给侧存在的问题，提出用"互联网+"促进供给侧结构性改革的着力点和对策。

一、"互联网+"对供给侧结构性改革的作用

1. "互联网+"是供给侧结构性改革的新利器

"互联网+"是一种新的经济形态，强调充分发挥互联网在生产要素配置中的优化和集成作用。"互联网+"对供给侧结构性改革的影响，即以信息技术改变传统生产要素的供给方式和供给结构，改变传统生产方式，加速新一代信息技术与传统产业跨界融合，变革实体经济传统发展模式，驱动供给侧结构性改革。

2. "互联网+"是供给侧结构性改革的加速器

"互联网+"代表的是一种加速度，有利于促进需求侧和供给侧的融合与互动，缩短从生产到销售的时间，节省交易成本，是实体经济快速发展的加速器。"互联网+"也代表一种破坏性创新，它冲击了各

行各业，直接改变了原有商业生态系统，推动了供给结构的不断优化升级。例如，互联网重构了娱乐行业生态圈，将游戏、电竞、直播、网文、影视、综艺、二次元、音乐与体育打造为一体化泛娱乐生态，使优质内容通过不同手段使 IP[①]价值变现。Mob 研究院发布的《2020中国直播行业风云洞察》显示，截至 2020 年 3 月，我国泛娱乐直播行业移动用户规模超过 1.5 亿人。

3. "互联网+"是供给侧结构性改革的倍增器

"互联网+"能够提高供给体系的质量和效率，创造新供给，实现供给与需求的无缝对接，并释放新需求，对推进供给侧结构性改革的倍增效应明显。20 世纪 80 年代，美国经济增长的主要原因就来自信息经济所带动的产业结构优化。相关实践证明，企业应用从传统 IT 构架升级到公有云能节省企业 70%的成本，从 IT 平台升级到云计算平台能将互联网创新效率提升 300%。

二、浙江省供给侧存在的问题

1. 传统产品竞争优势不再，品牌影响力不强

在"互联网+"背景下，浙江省传统优势产品响应用户需求的能力不足。当前中国消费结构在不断升级，消费习惯发生巨大变化，简单的功能性产品已经不能满足消费者需求，个性化、科技感强的创新性产品越来越受到消费者的青睐。例如，苹果手机受到部分中国消费者的青睐，低端山寨手机利润空间被不断消减，并逐渐被驱逐出市场。在互联网时代，品牌影响力被扩大，但浙江省企业打造名牌的意识还不强，以"智能马桶盖"为例，国内消费者争相购买的"智能马桶盖"大部分在杭州生产，但是由于国内自主品牌缺乏足够的品牌知名度和影响力，销量不高。与此同时，传统制造业普遍陷入产能过剩、

---

① IP 是 internet protocol（网际互联协议）的缩写，是 TCP/IP 体系中的网际层协议。

附加值低、品牌缺失、无序竞争、量大利薄的困境。浙江省经济和信息化委员会（简称经信委）的调查显示，2020年第三季度浙江工业回升态势向好，但工业产能利用率仍在81%，其中钢铁、水泥、玻璃、化纤等行业产能过剩问题尤为突出。[1]

2. 对新兴产业的发展制约较多，企业经营成本过高

企业景气调查系统的调查情况显示，浙江省战略性新兴产业对资金补助、税收优惠、融资贷款、项目扶持、人才引进、技术创新研发补贴等政策存在广泛诉求，尤其在企业融资、税收减免优惠、项目资金补助、技术研发及产业化应用补贴等方面尤为突出，不少企业也提出与行业属性特征密切相关的个性化政策诉求。[2]面对资源、环境等要素的制约，浙江省产业层次不高、资源利用效率较低、工艺装备较为落后、环境污染较为严重等问题被逐渐暴露出来，以往以成本优势、短平快优势获得市场的竞争方式难以为继。尤其是近年随着融资成本、劳动力成本、生产经营费用、经济转型成本不断上升，企业生产经营压力日益增大。《2018年福布斯中国经营成本最高城市榜单》统计显示，2018年杭州市经营成本排名全国第四，其中劳动力成本全国排名第四、能源成本排名第六、税收成本排名第六、办公成本排名第八，而宁波经营成本全国排名第十四，税收成本全国排名第七、劳动力成本排名第十三。

3. 产品技术含量低，创新驱动方式单一

目前"浙江制造"甚至"中国制造"陷入产能过剩危机，重要原因是产品创新不足。杭州电子科技大学课题组调研数据显示，2020年

---

[1] 前三季度浙江经济运行情况（新闻发布稿）. http://tjj.zj.gov.cn/art/2022/11/1/art_1229129214_5019232.html，2022-11-01.

[2] 中共浙江省委关于制定浙江省国民经济和社会发展第十四个五年规划和二〇三五年远景目标的建议. http://szb1.ywcity.cn/att/202011/23/a81a4337-77a2-4e87-bce0-5e71158eae7e.pdf，2020-11-23.

前10个月，浙江省出口仍以低端劳动密集型产品为主，纺织品、服装等七大类传统劳动密集型产品出口额为792.9亿美元，占全省出口总额的41.2%，出口结构亟待通过创新驱动促进产业链从低端向中高端转换。浙江省创新驱动的主体、方式和模式都比较单一，创新主体主要集中在技术密集型行业中的大中型企业，经杭州电子科技大学课题组调研，80.8%的大中型工业企业实现了创新，32.4%的企业兼有产品创新、工艺创新、管理创新和营销创新，分别比小型工业企业高32.2%和21.4%。创新方式以内部研发为主，达到了66.1%。创新模式主要以产品创新、工艺创新等技术层面的创新活动为主，工业企业实现产品创新或工艺创新的企业占比分别为37.7%和33.4%。

4. 科技平台系统性不强，资源配置效率不高

浙江省建设了一系列科技创新服务平台，这些平台与企业合作或为企业解决技术难题，牵头组织或参与制定国家和行业标准，获得专利授权，为浙江省广大中小企业在技术咨询、分析测试、产品开发、人才培训等方面提供了大量的科技服务。但浙江省在推进科技成果产业化的过程中仍存在一定不足：全省科技平台相对独立、封闭，协同联动和资源共享程度还不高；线上线下科技市场结合、对接机制还不够完善；技术要素与资金、人才等其他创新要素的联动机制还未形成。当前，浙江省高校、科研院所科技平台成果成熟度不高，市场导向不强，成果转化不通畅。杭州电子科技大学课题组调研数据显示，全省80%左右的工业企业没有独立研发机构，高水平企业研发平台约有200家，约占全国高新技术企业的8%。科技中介机构局限在提供"牵线搭桥"式的信息服务方面，专业性、深层次的资产评估、投资咨询和融资、信用评价等中介服务不能满足成果供需方的要求。

三、"互联网+"促进供给侧结构性改革的着力点

1. 以"互联网+"优化产业结构

借鉴美国、德国、日本等国通过互联网推动产业结构转型升级的经验,通过"互联网+"促进产业结构优化升级,推进信息经济快速发展。大力培育互联网+人工智能产业、互联网+生产性服务产业等产业,利用"互联网+"对传统设备与产品进行改造,利用互联网+虚拟系统推动制造业向智能化转型,通过互联网+信息物理系统推动工业生产线智能化。

2. 以"互联网+"转变创新结构

创新存在高额投入、长期研发、寻找投资、市场推广等多重不确定性,对于中小企业来说,颠覆式创新很难实现。借助互联网,中小企业可以将微小的改进创意与现有的产品相结合,通过解除用户需求的痛点进行微创新。通过互联网+微创新,在设计经营上改善用户体验,快速适应互联网时代创新简单化、便利化、用户体验至上的特点,有效激发企业特别是中小微企业的创新生命力。

3. 以"互联网+"完善平台结构

我们要依托"互联网+"等新技术、新模式构建最广泛的创新平台,使创新资源配置更灵活、更精准。可借助先进信息技术手段以及全球化网络平台,整合产业链创新平台,大力推进"互联网+"平台型创新,并在产业链创新和平台型创新的基础上,延伸出创新生态系统。

四、强化"互联网+"推进供给侧结构性改革的对策建议

1. 培育适应新常态的"互联网+"新型产业体系

建立"互联网+"产业发展负面清单。在"互联网+"相关产业发

展规划编制中优化产业重点扶持领域的编制体系,建立"互联网+"产业发展负面清单,在"互联网+"产业发展过程中变"保育"为"呵护"。注重"互联网+"对浙江省现有产业结构的引领作用,引导制造、农业、能源、环保、物流、金融等产业的"互联网+"融合改造,推进"互联网+"多产业融合发展。

推动"互联网+"新兴产业创新发展。充分发挥"互联网+"的引领和带动作用,围绕工业机器人、电子商务、智慧物流、互联网金融等新兴重点领域,启动实施"互联网+"新兴产业超越发展计划。以市场需求为导向,推动形成以大企业为主导的"互联网+"新兴产业链整合模式,引导和激励中小企业参与"互联网+"新兴产业的发展。积极主动占据"互联网+"新兴产业的产业链高端环节,超前培育和扶植"互联网+"新兴产业的生态化发展,促进产业配套支撑产业和协作体系的发展。

大力发展互联网+生产性服务业。生产性服务业是推动加强供给侧结构性改革的倍增器。降低互联网+生产性服务业市场准入门槛,推广杭州海康威视数字技术股份有限公司、浙江大华技术股份有限公司等制造企业转型发展的经验,着力做强研发创新、信息服务、品牌营销、资本运作等价值链高端服务环节。推进大中型科技企业生产服务环节的"互联网+"变革,以"互联网+"服务驱动生产与管理的协同,以实现供给的优化升级。站在全国乃至全球"互联网+"的产业视角,发展"互联网+"的生产性服务业,重点引导和扶持"互联网+"平台建设、技术支持、信息咨询和服务外包等生产性服务业的发展,培育服务"互联网+"的集成供应商,拓展服务"互联网+"业务产业链。

2. 构建复合型的互联网+创新创业服务平台

借鉴芬兰创建创新创业服务平台的经验,推进建设复合型的互联网+创新创业服务平台，以杭州国家自主创新示范区为载体建设综合创新平台。以杭州国家自主创新示范区为载体建设综合创新服务公司。综合创新服务公司不以获取利润为主要目标，而是以增加社会效益为目标，主要为技术创新活动提供优质的专业化服务，为企业的创新创业活动提供能产生附加值的软件服务。将综合创新服务平台的大量服务工作外包给相关专业公司来完成，通过实际行动引导专业化服务公司聚集在一起，形成为科技型企业服务的产业集群。

实施科技创新战略中心计划，打造开放式创新平台。借鉴芬兰科技创新战略中心的建设经验，依托和整合省级产业技术创新战略联盟力量，实施浙江科技创新战略中心计划，打造开放式创新平台，解决重点产业共性技术创新问题。浙江科技创新战略中心可按照非营利有限责任公司的形式运作，其主要职责在于制定研究议程和执行方案、协调计划参与各方的活动和利益，建立虚拟的内部研究组织。

围绕国际技术合作构筑全球互联网+创新网络平台。借鉴芬兰构建全球性创新网络 FinNode[①]的经验，依托浙江科技大市场的资源优势，围绕国际技术合作构筑全球互联网+创新技术服务公司。浙江省互联网+创新技术服务公司采用非营利性的公司化运作模式，由省发展和改革委员会、省科技厅、省经济与信息化委员会、省财政厅、省商务厅等部门共同参与指导组建，推动国际技术合作和国际市场拓展。省科技厅为企业提供高水平的创新方案和指导；省人力资源和社会保障厅通过国际智力资源，促进企业国际化合作；省财政厅提供金融和专家服务，帮助企业的研发和创新活动的国际化开展；省经济与信息化委员会把研发服务和技术商业化连接起来，促进技术转移的国际化。商务厅负责为企业提供国际化服务，同时吸引海外投资，促进技术的商业化。

---

① FinNode 是由国家技术局、芬兰科学院、芬兰商贸促进会、芬兰国家研发基金、芬兰技术研究中心等部门共同组建的，主要目的是要推动芬兰产业的国际技术合作和商业合作。

3. 创新互联网+特色小镇发展导向

基于乌镇智慧小镇、杭州梦想小镇、西湖云栖小镇、上城基金小镇、桐庐健康小镇等打造浙江省互联网+创新创业联谊平台，鼓励小镇开展业务拓展和融合，引导小镇间"互联网+"技术、人才和信息资源的共享和流动。适时推进浙江省互联网+特色小镇通过在中西部地区建立分中心、代管或代建特色小镇等方式拓展业务范围、紧贴国内消费者需求，复制成功经验，提升特色小镇的影响力和扩张力。强力推进浙江省互联网+特色小镇面向全球消费者个性化定制产品的研发与推广，以吸引全球消费者的目光。

第7章 以数字经济为主导推进"标准化+"行动

习近平总书记出席推进"一带一路"建设工作5周年座谈会讲话中强调,提出共建"一带一路"倡议以来,引起越来越多国家的热烈响应,共建"一带一路"正在成为我国参与全球开放合作、改善全球经济治理体系、促进全球共同发展繁荣、推动构建人类命运共同体的中国方案。伴随着数字经济和"一带一路"建设工作的不断走实走深,浙江应该发挥自身优势,以数字经济为主导深度嵌入"一带一路"建设。作为全国首个获批的国家标准化综合改革试点省份,推进标准化+浙江制造是《浙江省"标准化+"行动计划》的重点任务,加快实施面向"一带一路"建设的"标准化+"行动,既是推进浙江制造高质量发展的重要契机,也是以标准化引领浙江制造高水平参与"一带一路"建设的有效途径。本章以浙江为对象,分析加快浙江制造"标准化+"的重要意义、取得的成效和不足,在借鉴国际经验的基础上,提出以数字经济为主导加快浙江制造"标准化+"的新思路、新举措和建议。

一、面向"一带一路"加快浙江制造"标准化+"的重要意义

面向"一带一路"加快浙江制造"标准化+"有助于引领浙江制造技术与市场的高质量融合发展。《坚定不移沿着"八八战略"指引的路子走下去 高水平谱写实现"两个一百年"奋斗目标的浙江篇章——在中国共产党浙江省第十四次代表大会上的报告》中提出,"坚持以'一带一路'统领新一轮对外开放,全力打造'一带一路'倡议枢

纽"。加快推进面向"一带一路"的浙江制造"标准化+"行动是引领浙江制造高质量发展、提升浙江制造企业外向型发展水平和质量的重要方式。技术专利化到专利标准化再到标准国际化，是技术标准发展的逻辑，代表着技术的发展前沿也代表着市场的优势地位，加快面向"一带一路"的"标准化+"行动为浙江制造技术与市场高质量协同发展提供了良好的契机和坚实的平台。

面向"一带一路"加快浙江制造"标准化+"有助于浙江制造深度融入"一带一路"国家经济发展。浙江通过加快面向"一带一路"国家开展"标准化+"行动，共同制定优势领域的国际标准，并实现标准互认，有助于提升"浙江标准"国际化水平，带动浙江制造深度融入"一带一路"国家的经济发展。标准化是技术和市场高度衔接与融合的组织方式，通过加快面向"一带一路"的浙江制造"标准化+"建设更有利于企业在技术输出和市场竞争中处于双赢地位，充分发挥浙商全面服务"一带一路"国家经济发展的桥头堡作用。

面向"一带一路"加快浙江制造"标准化+"有助于浙江企业制定和主导相关领域国际技术标准。在文化领域中，我国主导制定的首个国际技术标准手机（移动终端）动漫国际标准、首项由我国主导制定的《OID在物联网中的应用指南》（"Guideline for using object identifiers for the Internet of Things"）国际标准、3GPP 5G NR 标准 SA(Standalone，独立组网)方案等重大国际标准均是在全球开放合作、联盟成员协同攻关基础上完成的。"一带一路"是一种新的全球开放合作形式，加快面向"一带一路"的"标准化+"行动，有利于中国企业打破欧美发达国家对国际技术标准的垄断，将技术等比较优势转化为市场优势，推动"浙江标准"成为国际标准。

二、面向"一带一路"推进浙江制造"标准化+"的成效与不足

浙江省获批开展国家标准化综合改革试点工作以来，主动对标世

界一流标准，加快标准提档升级，全面开展国家标准化综合改革试点工作。自《浙江省"标准化+"行动计划》实施以来，围绕浙江省国家标准化综合改革试点建设工作，杭州、宁波、温州等市出台标准化+战略的实施意见，有效推进面向"一带一路"浙江制造"标准化+"行动的开展。2018年6月《浙江省打造"一带一路"枢纽行动计划》的发布，有利于引领浙江制造更快更好地融入"一带一路"。品字标浙江制造等更有助于浙江企业深度融入"一带一路"建设。截止到2018年6月份，浙江发布的344项浙江制造标准全部达到国际先进水平，有效促进了浙江制造的转型升级。面向"一带一路"的浙江制造"标准化+"行动已取得初步成效，但也存在一些不足。

"小标准"为数众多，"大标准"影响不大。块状经济是浙江在过去约20年中保持高速发展的动力，数以万计的中小企业在浙江形成了近500个工业产值在5亿元以上的产业集群。相关数据统计显示，截止到2017年12月，浙江省121个块状产业已制定并实施了较为先进的标准，采标企业达5.4万家，带动技改项目近3000项，技改资金投入近120亿元。[①]但浙江省的块状产业多瞄准于某个细分市场或产业的某个细分环节，围绕块状产业制定的标准往往是行业标准或地方标准等"小标准"，而贯穿整个产业体系、影响范围较大的国际标准、国家标准等"大标准"则相对匮乏。

优势产业标准化提升较快，新兴产业标准化创建相对滞后。2017年以来，围绕"10+1"传统产业改造提升工作，浙江与国际先进标准进行比对分析，发布了纺织、服装、皮革、化纤等产业对标报告，建立了标准化重大示范试点项目，探索产业标准提升路径。但标准化进程较快的领域大多是传统优势产业，而浙江省重点产业中的"新产业"，如机器人、智能装备、新能源汽车、新材料等先进制造业，在

---

① 周青，武建. 浙江日报（观点栏）：学思践悟｜推进"标准化+浙江制造"参与"一带一路"建设. https://management.hdu.edu.cn/_t41/2018/1218/c963a90067/page.htm.

国际上已经具备一定的竞争力和影响力,但标准创建进程相对滞后。

国际标准引进来成效明显,走出去步伐不快。浙江省建立了对接国际、全国标准技术组织的产业机制。截至 2019 年,浙江省先后组织了 50 多家国际、全国标准化技术委员会与浙江省企业开展对接工作,打通了先进标准供需渠道,推动企业制定实施先进标准,加快了依靠引进来推动产业迭代升级的步伐。但浙江标准走出去,如与"一带一路"国家实现标准连通共建尚处于起步阶段。由于"一带一路"国家数量众多,每个国家都有不同的产品标准及认证体系,走出去过程中仍面临市场准入复杂、技术法规多变、检验认证困难等障碍。

三、制造业标准化建设的国际经验借鉴

标准国际化体现了技术与市场的高质量融合发展。19 世纪下半叶,"德国制造"还是廉价与劣质的代名词,此后德国标准化协会制定了严谨的质量认证和监督体系,助力"德国制造"成为完美工艺和优质产品的代名词。2005 年,英国贸易工业部和英国标准协会公布的一组研究数据显示,标准化为英国每年贡献的生产总额为 25 亿英镑,将劳动生产率提高了 13%。[①]日本重点推进以企业为主体的科技标准化战略,加强了国家科技创新体系与标准体系的协调机制建设,2006 年日本文部科学省下属的科学技术政策研究所的一项调查表明,在纳米材料领域日本专利占 33.1%,在电子设计领域日本专利占 22.9%。[②]因此,加快推进面向"一带一路"浙江制造"标准化+"行动是引领浙江制造高质量发展,提升浙江制造企业外向型发展水平和质量的重要路径。

标准国际化是提高参与"一带一路"建设水平的重要着力点。欧盟自 20 世纪 50 年代起开始加快经济一体化,但一直进展缓慢,直至

---

① 张雯. 2005. 标准给英国经济创造了 2.5 亿英镑财富. 中国标准化,11:77.
② 日本确定纳米技术发展新方向. http://intl.ce.cn/specials/zxgjzh/201509/25/t20150925_6582425.shtml?from=groupmessage&isappinstalled=0,2015-09-25.

1985 年开始采用新方法实行标准化后，经济一体化进程才得到快速推进。标准化是技术和市场高度衔接和融合的方式，加快面向"一带一路"浙江制造"标准化+"建设，有利于企业在技术输出和市场竞争中处于优势地位，能够有效发挥浙商全面服务"一带一路"国家经济发展的桥头堡作用。

标准国际化有利于提升浙江制造在国际技术标准制定领域的话语权。截至 2019 年德国标准化协会已累计发布标准 3 万多个，这些标准使德国掌握了行业标准话语权，更让德国凭标准化体系在全球新一轮产业变革竞争中处于优势地位。美国企业在标准化建设领域处于世界前列，通过与技术标准有效结合提升关键技术领域的控制权，2019 年，英特尔约占世界微处理器市场份额的 90%，而微软的系统软件也占到了市场份额的 90%左右。因此，加快推进面向"一带一路"的浙江制造"标准化+"行动，有利于打破欧美发达国家对国际技术标准的垄断，将浙江制造的技术等比较优势转化为市场优势，推动浙江标准成为国际标准。

四、以数字经济为主导加快浙江制造"标准化+"的新思路、新举措

以数字经济为主导面向"一带一路"新兴产业技术标准制定。依托浙江在电子商务、网络设备等数字经济领域的优势，整合浙江优势产业技术标准，有利于加快战略性新兴产业技术的标准制定过程，扩大浙江高端制造标准的国际影响力，并提高话语权。浙江省应重点选择一批具有自主知识产权和自主品牌优势的产品，与签署"一带一路"协议的国家共建一批海外技术标准示范项目或示范工程，以推动浙江制造标准的国际化。充分发挥政府相关部门的信息资源优势和政策资源优势，以财政资金为引导，重点围绕数字经济等领域引导龙头企业面向"一带一路"主导相关技术标准的制定。

以龙头企业引领带动中小企业形成面向"一带一路"的重要国际

标准。鼓励有条件的龙头企业，通过面向"一带一路"的"标准化+"建设，加快完善面向"一带一路"国家的市场网络，提升浙江制造的市场占有率与产业集中度。大力推进中小企业，特别是创新型中小企业参与面向"一带一路"的"标准化+"建设，并对其进行分类指导，建立激励机制，强化标准化服务。依托浙江省产业集群、特色产业基地和制造业特色小镇等，推动传统优势企业参与制定技术标准、应用技术标准、推广技术标准，加快产业迭代升级，培育发展一批优势名牌企业，挖掘培育一批有竞争力的浙江制造品牌，形成面向"一带一路"具有重要影响力的国际标准。

组建技术标准联盟，加快面向"一带一路"的"标准化+"行动。加快整合浙江优势产业标准，形成以龙头企业主导带动面向"一带一路"的技术标准联盟，扩大浙江制造标准在签署"一带一路"协议的国家中的影响力。全面深化与签署"一带一路"协议的国家在标准化方面的多边务实合作和互联互通、推进标准互认、加强浙江标准的推广应用，加快浙江制造标准走出去步伐。联合"一带一路"国家的企业组建技术标准联盟，从达成标准互认到制定共同标准，逐步深化质量认证的国际合作，构建布局全球、内外联动的浙江制造标准体系，加快提升浙江制造在国际标准体系中的话语权。

完善面向"一带一路"的浙江制造"标准化+"建设机制。贯彻落实习近平总书记出席推进"一带一路"建设工作 5 周年座谈会的讲话精神，抓住浙江开展质量提升行动、实施标准化重大示范试点项目、加快推动高质量发展的重要契机，构建面向"一带一路"浙江制造"标准化+"建设机制，探索产业标准提升的新路径。引导浙江企业遵循"一带一路"倡议的宗旨，坚持以标准互认的深化拓展，促进沿线各国标准体系相互兼容。根据不同产业的发展状况与具有的优势，大力扶持企业抢占技术标准的制高点，综合运用标准化奖励、标准补助等措施，激励制造企业加快实施先进技术标准。完善面向"一带一路"浙江制造"标准化+"的信息交流制度，提供决策咨询服务，为企业在标准化过程中的知识产权归属、信息共享与保护等提供制度性保障。

五、以数字经济为主导加快浙江制造"标准化+"的建议

制订面向"一带一路"浙江制造"标准化+"行动计划。制定发布面向"一带一路"的浙江制造"标准化+"重点产业、行业标准体系规划与路线图。依托浙江科技大市场和浙江网上技术市场，打造标准化技术组织、标准化专家、专业消费者共同参与的标准化技术活动圈，制定发布满足"一带一路"市场和创新需要的浙江制造技术标准。依托浙江省特色小镇信息技术产业联盟、浙江省下一代互联网产业技术联盟等建立科技成果标准转化平台，促进面向"一带一路"的浙江制造科技研发体系和标准体系有机融合。

推进面向"一带一路"的浙江制造重点产业标准体系建设。结合《中国制造 2025 浙江行动纲要》提出的要重点发展机器人与智能装备、新能源汽车与现代交通装备、新材料等优势产业，建立契合"一带一路"市场需求的浙江制造全产业链标准体系，引导块状经济向现代产业集群转型。积极响应国家搭建企业国际标准化创新示范基地的规划，主动参与国家"一带一路"相关服务型制造和生产性服务关键技术标准研制与建设工作。通过财政投入、科研项目扶持等方式重点支持一批制造业龙头企业强化面向"一带一路"的"标准化+"建设，扶持一批具有国际先进水平和产业化前景的科技成果转化为面向"一带一路"市场需求的产业技术标准。积极培育适应"一带一路"建设的浙江制造"标准化+"的研发设计、检测检验、商务中介服务业。

建立面向"一带一路"的技术标准联盟，并加强合作交流。依托电子商务、网络设备等数字经济领域的产业优势，组建面向"一带一路"的浙江优势产业技术标准联盟，加快战略性新兴产业的技术标准制定，扩大浙江高端制造标准的国际影响力，并提高话语权。抓住国家推进杭州标准国际化创新型城市、杭州国际标准化会议基地、浙江义乌标准博物馆等建设契机，搭建覆盖欧洲、非洲、南美洲等重点区域及国家的浙江制造公共服务平台，加快建立面向"一带一路"的双边及多边标准合作与互认机制，推动浙江标准走出去。不断强化标准化活动的国际交流合作，积极与国际知名标准化研究机构合作，提高浙江制造技术标准国际化水平。

强化"标准化+"管理和创新创业人才的培育与储备。构建各层次标准化人才体系，激发现有标准化从业人员的创新活力和潜力，建立与浙江制造产业转型升级相适应的标准化知识和技能培训渠道。依托阿里巴巴、吉利汽车、海康威视等重点企业，推进企校标准化培训合作，着力培育一批具备创新精神、创新能力和国际视野的创新创业人才。依托浙江大学等省内高校面向"一带一路"国家定向培养标准化管理留学生和专门人才。推动省属高校在理工类、经管类课程体系中增设标准化知识课程模块，为加快推进面向"一带一路"浙江制造"标准化+"行动提供知识储备。

完善面向"一带一路"浙江制造"标准化+"行动保障机制。充分借鉴德国标准化协会的运行机制和实践经验，整合全省标准化技术机构资源，充分吸收广大企业、科研机构、高校及专家参与，建立"标准—认证—质量"一体化的省级标准化工作系统。在"浙江省标准创新贡献奖"评审中，预留一定名额用于奖励在推进面向"一带一路"浙江制造"标准化+"行动中作出突出贡献的组织。推动建立面向"一带一路"的浙江制造技术性贸易应对措施和防范预警系统，此外还要加强重点产业技术性贸易措施信息数据库及应用服务系统建设。

第8章 以互联网+人工智能驱动信息经济发展

人工智能作为智能化发展的重要基础，正进入新一轮创新发展高峰，语音识别、图像分类、机器翻译、可穿戴设备、无人驾驶汽车等人工智能技术均取得了突破性进展，互联网+人工智能已被《国务院关于积极推进"互联网+"行动的指导意见》确定为 11 项重点行动之一。大力发展互联网+人工智能，以互联网+人工智能驱动信息经济发展，是杭州深入实施"一号工程"、抢占新一代信息技术发展制高点、提升经济社会各个领域智能化水平的必然选择。本章将重点分析互联网+人工智能的特点和发展趋势，以及其对信息经济的驱动作用，并以杭州为对象，提出以互联网+人工智能驱动信息经济发展的重点领域。

一、互联网+人工智能的特点与发展趋势

"人工智能"一词最初是在 1956 年达特茅斯学会上提出的。从学科定义上来说，人工智能是研究、开发用于模拟、延伸和扩展人的智能的理论、方法、技术及应用系统的一门新的技术科学。通俗地说，人工智能是指如何制造智能机器或利用智能系统来模拟人类智能活动的，人类通过发展人工智能可以执行原本只有依靠人类智慧才能完成的复杂任务。

由于人脑的精密结构难以复制，人工智能技术曾一度受阻，直到 2006 年加拿大多伦多大学教授 Geoffrey Hinton 提出"深度学习"算法，情况才有所好转。"深度学习"算法与互联网发展的有机融合，引发了 2010 年以来新的一股人工智能热潮。基于互联网海量的数据和每

时每刻与现实世界的信息交互，人工智能进入到互联网+人工智能的时代，当前，谷歌大脑、百度大脑、科大讯飞"智慧大脑"等互联网人工智能系统纷纷涌现，不断开辟出新的领域和打破新的纪录。

互联网和新一代信息技术的应用是人工智能获得突破性发展的重要因素。当前，互联网+人工智能具有以下几个特征。

（1）深度学习是人工智能发展的技术基础。随着信息技术的快速发展，越来越多具备计算功能、感知功能和交互功能的新产品陆续出现，高端芯片、传感器、宽带网络的快速发展使得制约人工智能发展的感知、传输、处理等瓶颈逐渐消失，一些依赖复杂运算和快速处理的算法与建模得以实现。深度学习通过模拟人类大脑神经网络的工作原理，通过构建具有很多隐层的机器学习模型和海量的训练数据，来使用更有用的特征数据，实现更有效率、更精确地处理信息。深度学习使得人工智能在语音识别、图像识别、自然语言处理等几个主要领域都获得了突破性进展，将人工智能带上了一个新的台阶，将对一大批产品和服务产生深远影响。

（2）互联网+大数据训练有效提高了人工智能水平。机器学习是人工智能的核心，是使计算机具有智能的主要途径，人工智能技术在沉寂了多年后再次引人关注，正是由于互联网、传感器的普及应用提供了海量的训练数据，有力支撑了人工智能技术的突破性发展，有效提高了人工智能的应用水平。

（3）云计算有效降低了人工智能的商业运营成本。云计算基础架构的本质是通过整合、共享和动态的硬件设备供应来实现 IT 投资利用率的最大化。通过把大量计算资源组成 IT 资源池，用于动态创建高度虚拟化的资源供用户使用，适应不同工作任务的需求，可以成本低廉地实现人工智能所需的大规模并行计算要求。特别是近年来基于图形处理器（graphic processing unit，GPU）的云计算被用于人工智能的神经网络，使得神经网络能容纳上亿个节点间的连接。传统的

CPU集群需要数周才能计算出拥有1亿个节点的神经网的级联可能性，而一个GPU集群在一天内就可完成这项任务，效率得到了大幅度提升。另外，GPU随着大规模生产带来了价格下降，使其能得到广泛的商业化应用。

（4）互联网和物联网融合发展大大拓展了人工智能的应用范围。智能机器是新一代信息技术、人工智能、自动化及机器人等技术融合发展的产物，基于新一代信息技术的人工智能通过与多领域技术融合，正在加速机器智能化进程。单台智能机器具有一定的认知能力，但无法做到广泛交互、深度学习和智能决策，根据环境变化自主解决问题的能力较弱。通过物联网和互联网，智能机器接入云平台形成"云+管+端"的机群系统，可随时与其他机器交流或在云端寻求解决问题的方法，实现人机/机器间更广泛深入的交互、学习和决策优化，智能机器的知识、经验将得到丰富。

二、互联网+人工智能对信息经济的驱动作用

当前，基于互联网的应用服务发展已遭遇技术瓶颈，基于PC的互联网、基于手机和平板电脑的移动互联网以及基于各种其他设备的物联网，其本质是解决了"连接"问题，即连接人与人、人与物以及物与物，并且在连接的基础上创造出新的商业模式。尽管互联网的普及打造了谷歌、亚马逊、百度、阿里巴巴、腾讯、京东等一批巨头以及数量更为庞大的中小企业，基于网络的创新应用和服务类型也多种多样，技术瓶颈的制约已经越来越明显：生活领域需求痛点的有效解决、生产领域具有适应性和资源效率的智慧工厂的建立、物流领域更加方便快捷的配送体系建设等问题，都受到智能化程度不高的制约。人工智能产品仍将作为辅助人类工作的工具出现，多表现为传统设备的升级版本，人工智能技术通过赋予产品一定的机器智能来提升其自动工作的能力，如出现了智能/无人驾驶汽车、扫地机器人、医疗机器

人等。随着互联网的进一步发展，未来将会出现在各类环境中模拟人类思维模式去执行各类任务的真正意义的智能机器人。

智慧是信息经济的本质特征和终极追求。在感知无所不在、联接无所不在、数据无所不在、计算无所不在的信息经济时代，海量数据产生、获取和融合成为关键战略资源，信息的分析、综合、智能决策能力成为竞争优势的核心来源。"万物互联"之后应用问题的解决必须依托互联网+人工智能，通过人工智能技术将复杂的系统决策负担转移给数字系统，从而实现其精确预测、精准决策、实时控制的功能，加速推动个体智能向系统智能、局部智能向全面智能演进。当前互联网领域的几乎所有热点（如机器人、无人机等），其发展突破的关键环节都是人工智能。因此，互联网+人工智能与信息经济的各个领域都有着密切的联系，是信息经济实现可持续发展的核心驱动力。互联网+人工智能对信息经济的驱动作用，主要集中在以下几个领域。

1. 智能终端及服务

当前，信息内容和服务通过多媒体终端的智能化呈现已经成为信息经济的重要特征，移动智能终端已经成为全球最大消费电子产品的分支，智能化的操作系统、PC级芯片硬件处理能力、高速移动接入网络以及丰富的人机交互成为移动智能终端的显著特征。自2012年谷歌眼镜推出以来，智能手表、手环、头盔等各类新产品层出不穷，可穿戴设备在信息娱乐类、运动健身类、安全类、医疗管理类领域加速渗透。通过提升可穿戴设备低功耗设计水平和研发水平，在智能人机交互技术及产品应用上建立特色优势，并针对可穿戴设备后端服务需求支持建设云服务开放平台，开发智能应用软件和应用商店，将全面推动新型服务业态的发展。

2. 云计算与大数据的智能处理

云计算是推动信息技术能力实现按需供给、促进信息技术和数据资源充分利用的全新业态，大数据正在成为驱动经济增长和社会进步的重要基础与战略资源，但两者都需要人工智能具体落地应用或成为产品。人工智能使得云计算更加便捷，是实现大数据价值的关键技术，如大规模的机器学习，移动互联网中的语音识别、图像识别，还有用户建模技术等，这些人工智能技术能推动云计算和大数据的网络化共享、集约化整合、协作化开发和高效化利用，并通过激发商业模式创新催生新业态。以无人驾驶汽车为例，需要大量导航数据，而这些数据是托管在基于云计算技术的远程服务器里的，而真正实现无人驾驶则取决于人工智能。

3. 智能新兴产业

当前，冯·诺依曼体系结构的现代计算机阻碍了大规模并行计算的实现，导致人工智能发展受限。彻底改变冯·诺依曼体系结构研发"人脑"芯片，更有效地模拟出人脑联系功能，将全面提升智能化水平。人类发展量子计算，大幅度提高计算机强大的并行计算速度，在未来将使机器人像人类一样"独立思考问题"。发展仿生计算机，解决构建大规模人工神经网络的问题，在很大程度上解决占地、散热以及耗电等问题。这些都使得计算机性能得到飞速提升。

4. 智能制造

当前，先进制造技术正在向数字化、网络化、自动化和智能化的方向发展，智能制造已经成为下一代制造业发展的核心内容。在数字化、网络化和自动化的基础上，通过将专家的知识不断融入制造过程以实现设计过程智能化、制造过程智能化和制造装备智能化，强化制造过程可视化、智能人机交互、柔性自动化、自组织与自适应等应用，全面提高产品的质量、生产效率，将会显著减少制造过程中的物质能源消耗和排放水平。

三、以互联网+人工智能驱动杭州信息经济发展的重点领域

当前，人工智能发展的拐点已经到来，但由于技术的复杂性，其发展必然经历一个由点到面、由专用领域（domain）到通用领域（general purpose）的过程。在未来，专用领域的定向智能化将是人工智能主要的应用发展方向。通用领域人工智能的实现还比较遥远，未来随着人脑芯片等硬件架构有所突破，运算能力将获得大幅度提高，而专用智能将逐步进化成为跨场景应用的通用智能。杭州互联网+人工智能驱动信息经济发展的主要思路是：发挥信息经济水平全国领先的优势，加快人工智能核心技术突破，培育发展人工智能产业，重点发展专用人工智能，依托互联网平台提供人工智能公共创新服务，集聚若干引领全球人工智能发展的骨干企业和创新团队，形成创新活跃、开放合作、协同发展的产业生态，为进一步做大做强信息经济提供新动能。

1. 培育发展人工智能新兴产业

突破人工智能核心技术。推进计算机视觉、智能语音处理、生物特征识别、自然语言理解、智能决策控制以及新型人机交互等关键技术的研发和产业化，推进量子计算、人脑芯片、仿生计算机等通用人工智能技术前期研究，全面实现智能传感器技术的升级跨越，抢占人工智能技术的制高点。

加快智能感知应用与产业发展。提升杭州宽带建设水平，大力推进骨干网、城域网和接入网升级改造，完成基础通信网络向下一代高性能互联网转型，提升网络容量和智能调度能力，推进建设国家级互联网骨干直联点和增设互联网国际出口专用通道，力争杭州成为 5G

应用试点先行区。深入推进全国物联网产业中心建设，大力发展传感器产业，促进物联网技术与城市发展有机融合，建设集研发设计、生产制造、系统集成、示范应用、标准推广于一体的物联网全产业链体系。

积极推进智能处理应用与产业发展。加快推进全国云计算和大数据产业中心建设，深入贯彻《国务院关于促进云计算创新发展培育信息产业新业态的意见》和《促进大数据发展行动纲要》，通过自然语言理解、机器学习、深度学习等人工智能技术创新，提升数据分析处理能力、知识发现能力和辅助决策能力，促进云计算创新发展，深化大数据在各行业的创新应用，形成一批满足大数据重大应用需求的产品和系统解决方案。

大力发展智能控制产业。积极利用杭州市在智能控制领域的已有优势，加强人工智能基础资源和公共服务等创新平台建设，推动人工智能在智能产品、工业制造等领域规模化商用。促进人工智能在金融服务、智慧终端、工业制造、智慧安防、智慧汽车、机器人等领域的推广应用，推进重点领域智能产品创新，提升终端产品智能化水平，扩大可穿戴设备的应用服务。

2. 以互联网+人工智能促进信息经济创新发展

提升电子商务智慧化水平。加快电子商务领域云计算、大数据、物联网、智能交易等关键核心技术的研究开发。促进数据仓库、数据挖掘与知识发现、生物认证等人工智能技术在 O2O、C2B[①]等新型电子商务模式中的应用，推动电子商务服务模式和业态创新。建设跨境电商综合服务平台，逐步形成跨境进口、跨境出口、供应链金融三位一体的跨境电商综合服务体系，建设全国跨境电商创业创新中心、跨境电商服务中心和跨境电商大数据中心。培育对接产业链的嵌入式电子

---

① C2B（customer to business，即消费者到企业），是互联网经济时代新的商业模式。

商务集成创新服务平台,加快形成第三方电子商务服务产业链。

推进大数据商业化应用。支持和鼓励行业协会、中介组织开发深度加工的行业应用数据库,建立行业应用和商业服务大数据公共服务平台,提供数据挖掘分析和商业智能等大数据应用服务,帮助中小微企业定制各类大数据应用解决方案。培育数据资源服务重点企业,提高数据资源服务能力。加快商业大数据创新应用,鼓励企业开展精准营销、个性化服务,提高流通、销售等环节的管理水平。

推进智能制造发展。大力推进工业物联网示范应用,着力提升制造业数字化、网络化、智能化水平,推动企业研发设计、生产制造、企业管理和销售服务的智能化改造,培育新型生产方式,加快形成制造业网络化生态体系。发展智能装备和智能产品,重点培育和发展具有深度感知、智慧决策、自动执行的高档数控机床、工业机器人、增材制造(3D打印)装备、全自动智能化生产线以及相关智能制造技术,尽快实现工程化和产业化。

3. 以互联网+人工智能提升智慧应用水平

推进城市基础设施智能化。加快传感器、地理空间信息、卫星定位与导航等技术在城市建设中的应用。在城市运行关键领域建设一批基础设施智能感应系统、环境感知系统、远程监控服务系统。推进RFID网络、视频监控网络、无线电监测网络的共建共享,统筹传感设备、无线通信设备、控制设备等各类智能终端在交通、给排水、能源、通信、环保、防灾与安全生产等城镇公共基础设施的布局和应用,加强对地下管线的实时监控,形成全面覆盖、泛在互联的智能感知网络,提升公共基础设施的智能化水平。

推进城市管理和服务智能化。加强物联网、传感网、云计算、大数据等信息技术在城市运行管理和服务中的应用。重点推进智慧国土、智慧市政、智慧交通、智慧房管、智慧应急建设,提高政府的综合管理服务能力。推进智能楼宇、智能家居、智能安防以及社区管理综合服务平台建设,推进人口计生、水电气、气象、物业管理等社区服务的智能化应用,提高社区精细化管理和智能化服务水平,改善居民智慧化生活环境。建设智慧城市运营平台,建立健全数据采集、交换共享、开发利用相关标准体系,开展智慧城市大数据应用,推动城市创新发展。

推进节能减排智能化应用。加强对资源、能源和环境的信息监测、分析,加快高能耗、高物耗和高污染行业的信息化改造,建立行业节能环保公共服务信息平台,普及应用数字化技术设备和智能控制系统,加强对能源利用和污染排放的实时监控与精细化管理。鼓励工业企业建立能源管理体系,提升企业能源利用效率。支持能源企业运用新一代信息技术整合新能源技术,建设可实现新能源生产、储存和共享的智能化能源网络,提升新能源产业信息化、智能化的水平。

第9章　以数字创新生态系统提升核心企业绩效

数字创新对当代企业的生存和发展意义重大，不仅是谷歌、阿里巴巴等互联网公司成功的重要源泉，还是众多传统企业实现数字转型的必由之路。数字创新离不开创新生态系统的支撑。通过创新主体间的优势互补与资源整合，创新生态系统有助于加速新产品的开发与产业化，降低市场风险。

创新生态系统源自 Moore（1993）提出的商业生态等理论。其中，核心企业在创新生态系统构建、发展和治理中发挥着重要的作用。创新生态系统对核心企业绩效的影响成为当前学术界一个重点的研究议题。现有文献中，一部分学者重点研究了生态系统的主体构成对核心企业绩效的影响，如 Suseno 等（2018）探讨了消费者和专业人士对数字创新生态系统价值共创的影响。另一部分学者主要关注资源流动对创新生态系统及核心企业的影响，如 Mercan 和 Göktaş（2011）研究了外部知识和创意对开放创新生态系统和核心企业的作用；李恒毅和宋娟（2014）研究了新技术创新生态系统中的资源整合关系及其对系统构建的作用。然而，创新生态系统具有的系统属性意味着主体结构和资源流动不可分割，只关注其中之一难以完整揭示创新生态系统对核心企业绩效的影响。但很少有学者从整体观角度，考虑主体结构和资源流动的组合对核心企业绩效的影响。

针对上述研究中存在的缺憾，本章基于 ICT 生态系统的 ELM[①]以

[①] ELM 是 elaboration likelihood model 的缩写，其中文含义为详尽可能性模型，是消费者信息处理中最有影响的理论模型。

及 Weill 和 Woerner（2013）的倡议，研究数字创新生态系统"种群-流量"组态对核心企业绩效的影响。本书中，数字创新生态系统是参与数字创新的主体通过动态合作竞争构成的生态化组织体系，其中数字创新是指利用数字技术创造新的市场产品、业务流程或商业模式。本书中，用"种群"来指代创新生态系统中的各类主体，用"流量"反映主体间的资源交互。此外，组态是指多种因素的联合效应和多种因素之间的互动关系，意在反映数字创新生态系统中要素之间的配置关系，以及它们对于核心企业绩效产生的多重并发因果效应。

本书以人工智能领域的 31 个数字创新生态系统为对象，使用模糊集定性比较分析方法（the fuzzy set qualitative comparative analysis method，fsQCA）进行实证研究，研究识别了分别对应核心企业高技术绩效和高财务绩效的四种"种群-流量"组态。本书对种群和流量的分类为研究数字创新生态系统提供了分析框架，识别的核心企业获取高技术绩效和财务绩效的条件组合有助于丰富和拓展数字创新生态系统的既有理论，也对核心企业构建数字创新生态系统的实践具有指导意义。

一、理论背景

1. 数字创新生态系统

数字创新生态系统是数字创新和创新生态系统两个概念的结合。创新生态系统是一个典型的复杂系统，创新主体之间具有共生耦合、竞争合作等非线性交互关系和复杂的网络特征。其主体结构既可以按照生态层次分为物种、种群和群落，也可根据角色定位分为研究、开发与应用等创新群落。

数字创新是实体产品和数字技术结合形成的新产品或新服务。与传统的创新活动相比，数字创新是一个松散的演化过程，其创新主体具有较强的动态性，且创新过程和创新产出相互交织。基于此，数字创新需要新的战略、较强的组织能力和创新能力,以及灵活的商业模式。通过与多元外部主体的合作,企业可以获取互补性资源、分担数字创新过程中的风险,可以通过交叉补贴等新商业模式加速新产品推广和市场拓展。因此,构建数字创新生态系统成为企业应对上述挑战的重要手段。

数字创新生态系统首先需要具备一般创新生态系统的特征,如复杂性、开放性等。同时,数字创新生态系统又呈现出一些独特属性。一是创新主体的异质性更强。数字技术的汇聚性使得用户和不具备供应链关系的组织机构在数字创新生态系统中扮演着重要的角色。二是资源的流动更加复杂。数字技术是数字创新生态系统重要的基础设施,有力地提升了创新过程中的信息处理能力和资源配置效率,使得创新资源的跨域流动和价值分配成为可能。

2. 数字创新生态系统的种群

自然生态系统中,种群是指在同一时期内占有一定空间的同种生物个体的集合。种群集合构成群落,进而组合形成稳定的生态系统。创新生态系统的种群是指影响创新活动组织实施和发展轨迹,并具有共同属性的参与主体。在针对产业生态系统的研究中,Fransman 构建的 ELM 包括网络技术提供商、网络运营商、平台和消费者四类种群。这一模型对于理解数字创新活动中产业主体的结构关系有着积极的意义。以 ELM 为基础,笔者将数字创新生态系统的种群分为五类(表 9-1)。

表 9-1 数字创新生态系统中的生态种群

生态种群	内涵	功能
数字产品/服务生产者(DP)	提供数字创新最终成果的主体	直接实施数字创新
网络运营者(NO)	运营互联网络的主体	建设和运营数字基础设施

续表

生态种群	内涵	功能
平台运营者（P）	构建和运营平台的主体	为创新主体互动和资源整合提供线上或线下场所
科研机构（T）	从事基础研究或应用研究的主体	提供基础技术
消费者（C）	数字创新成果的使用者	提供经济资源和市场需求信息

其中，笔者将 ELM 中的"网络技术提供商"改为"数字产品/服务生产者"，以反映数字创新技术来源的多样性。同时，考虑到理论和实践中科研机构在创新生态系统中的作用，笔者增加了"科研机构"这一种群。数字创新生态系统作为一个自组织系统，每个种群在获取自身利益的同时都对其种群产生影响，进而形成了种群之间的共生关系。具体而言，网络运营商为整个数字创新生态系统提供数字基础设施，是整个数字创新生态系统得以存在的关键环境性因素。科研机构是数字创新生态系统中基础技术的供应者，可以为数字产品/服务生产者、平台运营者甚至网络运营商提供基础技术。数字产品/服务生产者是直接实施数字创新的主体，为消费者提供产品或服务，从消费者处获得经济回报和市场信息。平台运营者则为数字产品的提供者、消费者和科研机构的耦合匹配提供线上或线下的空间。

3. 数字创新生态系统的流量

自然生态系统中，物质、能量与信息的传递是生态系统成长的根本动力。例如，食物链中的能量从一个物种流向另一个物种时，能量进入生命系统直到最终降解为热量并引发生命成长。相似地，在创新生态系统的研究中，相关学者也将资源流动作为重要的分析对象，研究创新生态系统中的流量。根据资源的属性，笔者将数字创新生态系统的流量分为经济流、技术流与关系流三类。

经济流是企业数字创新生态系统中产品与服务交易形成的资金流动。企业的营利性要求决定了经济流是数字创新生态系统的基础性流量。技术流是数字创新生态系统中技术资源的流动，通常表现为合作研发、专利许可等形式。技术流是数字创新生态系统有别于其他商业生态系统的关键流量。关系流是企业数字创新系统中关系资源的交互。关系资源作为重要的社会资本，对创新活动有着重要的影响。数字创新生态系统中，政治关联是最重要的一类关系流。数字创新往往涉及新兴技术，具有较多的不确定性，政府部门的政策扶持、土地等资源的支持和新产品采购等活动都有助于数字创新的实施。此外，与一些大型组织机构和行业协会形成联盟也是关系流的重要表现形式，能够帮助企业间形成稳固的来往关系，提升数字创新生态系统的稳定性。

4. "种群-流量"组态与核心企业绩效

核心企业是创新生态系统的驱动者，这些企业通常掌握了数字创新的关键技术和核心资源，在整个创新生态系统中居主导地位。数字创新生态系统中，核心企业的绩效是反映生态化战略成败的重要标志，影响着核心企业组织和治理创新生态系统的动机，进而决定着创新生态系统的兴衰。因此，在企业层面的创新生态系统的现有研究中，核心企业绩效的形成及其影响因素受到了学者的广泛关注。

数字创新生态系统中核心企业的绩效，不仅受到企业内部经营管理行为的影响，还受到构成数字创新生态系统的种群和流量的组合关系的影响。种群和流量是构成数字创新生态系统的基本要素。种群反映数字创新生态系统的主体结构，流量则反映了主体间的相互作用关系。对于数字创新生态系统而言，种群和流量不可或缺、相互影响。

二者的组合关系决定了数字创新生态系统的状态，进而影响了核心企业的绩效。

组态思维为研究这一问题提供了适宜的逻辑起点。在社会科学中，组态是指一系列前因条件的组合。强调组态思维，就是强调一系列前因条件是产生结果的潜在合作者，而不是解释因果变量变异的对手。因此，基于组态思维，笔者将对数字创新生态系统中种群和流量之间的组合关系对核心企业绩效的影响进行实证研究。

二、研究设计

1. 研究方法

本书主要使用 fsQCA 方法研究数字创新生态系统中"种群-流量"组态对核心企业绩效的影响。定性比较分析方法关注"多重并发因果"关系，通过布尔代数与集合论的方法论，旨在识别可产生结果的条件组合的替代性因果路径。近年来，定性比较分析在社会科学研究中得到了广泛的应用，也有学者将其用于创新生态系统的研究。在本书中，构成数字创新生态系统的两大要素——种群和流量之间存在相互作用和组合配置关系，与核心企业绩效之间也存在复杂的因果关系，fsQCA 因而是适宜的方法。

2. 样本与数据来源

本书以人工智能领域的数字创新生态系统为研究对象，主要基于如下两方面原因。一方面，人工智能技术是前沿信息技术的综合集成与应用，是最为重要的一类数字创新。另一方面，人工智能领域的创新很难在单个企业内完成，更加依赖创新生态系统的资源整合和客户参与。

现有文献中，通过分析核心企业与其他主体间的合作关系来刻画创新生态系统是较为普遍的做法。同时，上市公司会在网站上发布公司新闻以扩大自身影响力,其中包括对重要合作事件的报道。此类报道中涉及合作对象、合作内容、合作时间等关键信息。据此,本书选取了某些上市公司的新闻报道进行数据挖掘,抽取关键的合作信息,用以描述以这些上市公司为核心企业的创新生态系统,从而整合形成实证研究所使用的数据。

具体地,本书首先根据申万行业分类与同花顺行业分类中的人工智能上市公司名单,同时参考中国人工智能产业发展联盟成员名单,确定了 92 家人工智能领域的上市公司。之后,我们剔除了 4 家财务状况连续两年亏损并可能面临退市风险的 ST 公司和*ST 公司。针对其余的 88 家公司,我们首先使用信息采集软件收集其官方网站上由企业自主发布的新闻,在此过程中剔除了新闻无法采集、新闻量过少和人工智能业务不明显的 57 家企业,最终保留了 31 家上市公司。我们总共收集了这 31 家上市公司的 15 831 条新闻,数据截止时间是 2018 年 12 月 30 日。

进一步,借鉴 Gök 等(2015)的方法,本书构建反映企业间合作的关键词集,包括"合作、携手、签约、共同"等关键词,对新闻标题的关键词先进行布尔代数运算,然后再进行人工复核,最终筛选出了 3108 条合作新闻。"创新"本身是一个经济概念,不仅仅表现为技术领域的合作,还涉及新产品或服务的生产与销售。对新闻文本的分析也发现,鉴于人工智能具有新兴产业的属性,核心企业与其他主体的合作主要围绕新产品或服务的研发、生产或营销而展开。因此,上述所有合作新闻都被用于进行实证研究。此外,我们还收集了样本企业的专利数据和财务数据,用以测度企业绩效。专利数据源自中国专利数据库,企业财务数据源自上市公司年度报告。表 9-2 展示了样本企业的具体情况。

表 9-2　样本企业概况

序号	企业	人工智能业务	观测时间	合作事件数/项	年平均发明专利申请量/项	人均主营业务收入/万元
1	GQY视讯	AR①专业视讯和智能服务机器人	2012—2018	22	4.89	0.78
2	TCL	智能产品制造和互联网服务	2008—2018	63	211.72	0.95
3	埃斯顿	智能装备自动化及工业机器人	2012—2018	12	21.62	0.41
4	北信源	基于人工智能的信息安全	2006—2018	91	19.80	0.23
5	东方通	基于人工智能的信息安全	2015—2018	24	1.87	0.37
6	广电运通	智能终端设备与解决方案	2006—2018	131	117.45	0.12
7	汉王科技	文字识别与智能交互技术及产品	2006—2018	48	72.89	0.36
8	航天信息	基于人工智能的政务和商业服务	2001—2018	335	211.89	0.88
9	华胜天成	智能制造	2006—2018	123	13.67	1.20
10	华宇软件	法律人工智能技术研发与应用	2017—2018	21	0.79	0.19
11	华中数控	人工智能数控系统	2006—2018	47	19.00	0.32
12	汇金科技	基于人工智能的金融服务	2017—2018	4	10.70	0.42
13	捷顺科技	智慧停车、智慧社区、智慧商业	2016—2018	37	51.11	0.20
14	金证股份	基于人工智能的金融服务	2002—2018	188	12.40	0.41
15	科大讯飞	智能语音及语言技术	2013—2018	107	82.90	0.22
16	美亚柏科	基于人工智能的电子数据取证	2016—2018	18	39.73	0.22
17	欧比特	人脸识别、智能图像分析	2008—2018	33	6.13	0.42

① AR，英文全称为 augmented reality，中文名为增强现实技术，它是一种将虚拟信息与真实世界巧妙融合的技术。

续表

序号	企业	人工智能业务	观测时间	合作事件数/项	年平均发明专利申请量/项	人均主营业务收入/万元
18	神思电子	身份识别技术及其应用	2015—2018	30	15.78	0.46
19	思创医惠	智慧医疗	2016—2018	22	23.94	0.33
20	苏宁云商	O2O智慧零售商	2010—2018	100	29.00	3.22
21	苏州科达	智能安防	2003—2018	377	48.00	0.30
22	拓尔思	中文检索、自然语言处理	2008—2018	61	4.33	0.22
23	万达信息	智慧城市	2008—2018	90	6.90	0.25
24	网宿科技	智能边缘计算与内容审核	2005—2018	51	66.44	0.59
25	新智认知	数字警务、数字城市、数字企业	2011—2018	23	8.78	0.51
26	亿阳信通	智慧交通	2004—2018	97	7.81	0.48
27	浙大网新	智慧城市	2012—2018	116	3.80	1.04
28	中科创达	智能终端操作系统	2010—2018	46	39.71	0.22
29	中科曙光	智慧城市	2012—2018	141	49.82	1.43
30	中兴通讯	网络智能化	2009—2018	547	5938.67	1.25
31	紫光股份	智能数字平台及其应用	2003—2018	103	8.78	1.25

3. 编码与变量测量

笔者使用质性文本分析方法对收集到的合作新闻进行编码，以识别数字创新生态系统的种群和流量。3名研究人员进行了背对背编码，然后对全部数据进行交叉验证。种群的类型主要根据合作对象的属性及其在整个创新生态系统中的作用进行编码。流量类型主要根据合作内容进行编码。编码的具体依据，如表9-3所示。

表 9-3 种群和流量编码表

主题类目	判别依据	典型事例
数字产品/服务生产者	以出售、合作生产等方式提供数字产品和技术服务	在TCL为核心企业的创新生态系统中，思科提供云计算服务
网络运营者	提供通信网络或互联网运营服务	在中兴通讯为核心的5G生态中，中国电信负责5G网络的运行
平台运营者	提供技术平台、交易平台和产业发展平台	在中科创达为核心的创新生态系统中，百度提供智能驾驶基础平台
科研机构	提供基础型技术或应用型技术	在网宿科技为核心的创新生态系统中，复旦大学提供边缘计算技术
消费者	数字创新成果的最终购买者	在航天信息的创新生态系统中，中国银行是智能设备的购买者
经济流	购买产品或服务	中兴通讯专业服务保障"两会"TD网络
技术流	技术许可或合作研发关系	华胜天成与Mellanox成立联合实验室，推广InfiniBand技术在商业数据库领域的使用
关系流	着眼于未来的战略性合作关系	紫光互联和海康威视签署战略框架协议，全面合作升级版智慧城市综合解决方案

本书从技术和财务两个方面测度数字创新生态系统中核心企业的绩效。技术绩效使用观测期间核心企业年平均发明专利申请量进行衡量，财务绩效使用观测期间核心企业人均主营业务收入的平均值进行衡量。

由表9-2可知，各核心企业开展的合作事件总数存在较大差异，这实质上反映出每个核心企业所构建的创新生态系统规模或发展阶段上的差异。为了控制这种影响，本书用样本企业的合作事件总数测度生态系统规模，并纳入前因变量进行分析。

4. 校准

在 fsQCA 分析中,赋予案例集合隶属度的过程称为数据校准。参考现有研究成果,本书在遵从四分位数校准法的基础上判断基本锚点,将条件变量与结果变量的 3 个锚点分别设定为样本数据的上四分位数、中位数、下四分位数。同时考虑到不同规模下各核心企业生态种群与生态流量的数量会出现差异较大的情况,因而运用直接校准法来确定锚点并进行结构化校准。结合相关理论、实践标准及对所解决问题的具体理解设定 3 个临界值,分别为完全隶属、交叉点与完全不隶属,数值集合隶属度为 0~1,各变量的校准锚点,如表 9-4 所示。

表 9-4 各变量校准锚点

研究变量		锚点		
		完全不隶属	交叉点	完全隶属
条件变量	生态规模	20	47.5	150
	数字产品/服务生产者	4	11	25
	网络运营者	0	0.5	3
	平台运营者	2.5	5	10
	科研机构	0	1.5	5.5
	消费者	8.5	19.5	69.5
	经济流	10	20	80
	技术流	3	5.5	20
	关系流	3.5	7.5	30
结果变量	技术绩效	5	10	80
	财务绩效	0.2	0.45	1

基于以上校准方法对条件变量与结果变量进行赋值,采用 fsQCA3.0 软件构建初始表格,并进行真值表运算,初始值见表 9-5。

表 9-5 企业数字创新生态系统条件变量与结果变量的初始表

研究案例	条件变量									结果变量	
	生态规模	生态种群					生态流				
		数字产品/服务生产者	网络运营者	平台运营者	科研机构	消费者	经济流	技术流	关系流	技术绩效	财务绩效
GQY 视讯	0.2	0.02	0.04	0.97	0.59	0.53	0.51	0.52	0.51	0.04	0.86
TCL	0.61	0.94	0.7	0.97	0.93	0.5	0.67	0.89	0.8	0.99	0.93
埃斯顿	0.02	0.05	0.04	0.08	0.75	0.01	0	0.14	0.13	0.62	0.36
北信源	0.78	0.14	0.62	0.85	0.93	0.95	0.93	0.67	0.4	0.6	0.06
东方通	0.07	0.1	0.54	0.23	0.04	0.18	0.14	0.52	0.06	0	0.27
广电运通	0.92	0.94	0.54	0.64	0.96	0.93	0.97	0.97	0.64	0.99	0.01
汉王科技	0.5	0.84	0.54	0.23	0.59	0.53	0.54	0.82	0.93	0.93	0.25
航天信息	0.99	0.99	0.87	0.99	0.99	0.99	0.99	0.97	0.98	0.99	0.91
华胜天成	0.9	0.99	0.87	0.99	0.59	0.93	0.92	0.98	0.91	0.53	0.98
华宇软件	0.05	0.05	0.04	0.02	0.96	0.06	0.06	0.35	0.13	0	0.04
华中数控	0.48	0.84	0.54	0.99	0.4	0.11	0.42	0.92	0.75	0.59	0.17
汇金科技	0	0.02	0.04	0	0.26	0	0	0	0.01	0.5	0.41
捷顺科技	0.24	0.05	0.04	0.08	0.04	0.66	0.63	0.04	0.03	0.85	0.04
金证股份	0.98	0.65	0.77	0.8	0.98	0.99	0.99	0.85	0.97	0.52	0.39
科大讯飞	0.85	0.99	0.83	0.99	0.99	0.58	0.57	0.99	0.95	0.95	0.06
美亚柏科	0.1	0.6	0.54	0.64	0.26	0.03	0.01	0.85	0.75	0.78	0.06
欧比特	0.17	0.41	0.77	0.76	0.93	0.03	0.01	0.85	0.64	0.08	0.39
神思电子	0.12	0.41	0.04	0.23	0.59	0.18	0.28	0.47	0.24	0.56	0.51
思创医惠	0.05	0.05	0.04	0.08	0.04	0.27	0.23	0.04	0.13	0.64	0.18
苏宁云商	0.82	0.98	0.9	0.85	0.73	0.86	0.88	0.92	0.87	0.69	0.99

续表

研究案例	条件变量									结果变量	
	生态规模	生态种群					生态流			技术绩效	财务绩效
		数字产品/服务生产者	网络运营者	平台运营者	科研机构	消费者	经济流	技术流	关系流		
苏州科达	0.99	0.84	0.93	0.02	0.59	0.99	0.99	0.89	0.59	0.83	0.14
拓尔思	0.59	0.02	0.54	0.64	0.75	0.86	0.82	0.62	0.01	0.03	0.06
万达信息	0.77	0.55	0.54	0.23	0.26	0.95	0.95	0.04	0.59	0.13	0.07
网宿科技	0.52	0.6	0.9	0	0.93	0.59	0.62	0.52	0.73	0.91	0.67
新智认知	0.45	0.14	0.04	0.85	0.59	0.53	0.57	0.57	0.51	0.32	0.57
亿阳信通	0.8	0.55	0.99	0	0.26	0.74	0.97	0	0.85	0.21	0.54
浙大网新	0.88	0.78	0.54	0.99	0.86	0.97	0.95	0.89	0.8	0.02	0.96
中科创达	0.45	0.99	0.62	0.91	0.04	0	0	0.99	0.73	0.78	0.05
中科曙光	0.93	0.84	0.83	0.99	0.99	0.92	0.9	0.99	0.98	0.84	0.99
中兴通讯	0.99	0.99	1	0.99	0.99	0.99	0.99	1	0.99	1	0.98
紫光股份	0.83	0.81	0.54	0.64	0.93	0.96	0.93	0.85	0.7	0.32	0.98

三、实证研究与结果

遵循 fsQCA 分析的基本流程，本书首先进行单个条件的必要性分析。在本书中，必要条件指的是所有能够产生"高技术绩效"与"高财务绩效"的条件组合中必然会出现的条件变量。在 fsQCA 的必要条件分析中，用一致性来衡量结果变量在多大程度上是条件变量的子集，一般认为当数值超过 0.9 时，判定该前因变量或其否定变量是结果出现的必要条件。运用 fsQCA 软件进行必要性分析的结果表明，上述条件变量不存在必要条件。下文将进一步通过充分性分析识别"种群-流量"组态。

fsQCA 会得到三类解，即复杂解、简单解与中间解，由于中间解不允许消除必要条件，一般而言会优于其他两种解。在本书中，需要得到的充分条件即为能够产生"高技术绩效"或"高财务绩效"的条件组合。在初始表的基础上，借助 fsQCA3.0 软件构建真值表，在对真值表进行运算时，根据 Fiss、杜运周和贾良定等的建议，笔者将一致性阈值（consistency threshold）设为 0.8，案例阈值（case threshold）设为 1，运算得到相应的三类解。依据简单解与中间解来区分核心条件与边缘条件，如果前因条件同时出现在简单解和中间解中，那么就是对结果产生重要影响的核心条件；如果前因条件只出现中间解当中，则为起辅助贡献的边缘条件，组态结果如表 9-6 所示。

表 9-6 高技术绩效和高财务绩效对应的组态

条件变量	高技术绩效		高财务绩效	
	准全面型	平台驱动型	全面型	依附型
生态规模	*	×	*	×
数字产品/服务生产者	**	**	*	×
网络运营者	*	*	*	×
平台运营者		*	**	**
科研机构	*	×		**
消费者	*	×		*
经济流	*	×	**	*
技术流	**	**	*	*
关系流	*	*	**	*
一致性	0.892 084	0.967 695	0.854 718	0.923 232
覆盖度	0.496 457	0.148 769	0.469 444	0.161 426

续表

条件变量	高技术绩效		高财务绩效	
	准全面型	平台驱动型	全面型	依附型
唯一覆盖度	0.437 225	0.089 536 2	0.386 012	0.077 994 1
总体解的一致性	0.905 419		0.865 665	
总体解的覆盖度	0.585 994		0.547 438	

注：×表示条件变量不出现；*表示边缘条件；**表示核心条件；空格则表示条件变量可有可无。

由表 9-6 可见，高技术绩效和高财务绩效各对应两种组态。单个组态解和总体解的一致性水平都高于 0.8 的标准。其中，高技术绩效总体解的一致性为 0.905，解的覆盖度达到 0.586；高财务绩效的总体解的一致性为 0.865，解的覆盖度达到 0.547。借鉴现有文献，笔者还使用改变一致性阈值的方法进行了稳健性检验。针对高技术绩效和高财务绩效两个结果变量，我们将一致性阈值从 0.8 调至 0.85，发现 fsQCA 的分析结果没有发生变化，表明实证结果具有稳健性。下文笔者将分别讨论高技术绩效和高财务绩效分析对应的"种群-流量"组态。

1. 高技术绩效对应的"种群-流量"组态

从简单解与中间解的结果分析来看，数字产品/服务生产者与技术流是高技术绩效对应的两种组态共同具有的核心条件。数字产品/服务生产者是生态种群中具体实施数字创新的主体，而技术流则是实现数字创新的关键资源。因此，笔者认为，这一核心条件较好地反映了数字创新生态系统的基本特性。

进一步考虑边缘条件时，高技术绩效对应的"种群-流量"组态共有两种：准全面型和平台驱动型。其中，准全面型中，除平台运营者是无关条件外，其余所有的种群和流量都是充分条件。这一组态具有较高的覆盖度，反映了核心企业从数字创新生态系统中获取高技术绩效的普遍情况。平台驱动型则是小规模数字创新生态系统中核心企业获取高技术绩效的充分条件的组合。与准全面型相比，这种组态中平台成为充分条件，而科研机构、消费者和经济流不再是充分条件。笔者认为，这一组态体现了平台具有的整合作用，从而使得消费者和经济流不直接参与数字创新。

2. 高财务绩效对应的"种群-流量"组态

高财务绩效应的两种组态有不同的核心条件。笔者将大规模数字创新生态系统中核心企业获取高财务绩效的组态称为全面型组态，而将小规模数字生态系统中出现的组态称为依附型组态。

全面型组态的核心条件是平台运营者、经济流和关系流，考虑边缘条件时，所有的流量和种群都是充分条件。这意味着在数字创新生态系统中，核心企业获取财务绩效需要异质性主体的参与。同时，关系流作为核心条件出现，表明直接的经济资源和技术资源的流动不足以整合众多异质性主体，因此着眼于未来的关系流在价值共创方面将发挥着更为重要的作用。

依附型组态中，平台运营者和科研机构成为核心充分条件，消费者和三种流量是边缘充分条件。一般而言，平台运营者和科研机构在数字创新生态系统中数量较少，却又发挥着相对特殊的作用。这一组态反映了核心企业借助与少数平台和科研机构的合作而获取财务绩效。

3. 组态间的比较分析

对比高技术绩效和高财务绩效对应的"种群-流量"组态可进一步得出如下结论。

首先，与获取高技术绩效相比，核心企业从数字创新生态系统中获取高财务绩效的复杂程度更高。如表9-6所示，在大规模或小规模的数字创新生态系统中，财务绩效对应组态的核心条件的数量和异质性程度均大于高技术绩效对应的组态。这正如Teece等（2018）指出的，数字经济时代，企业从创新中获取价值变得更加困难，相关利益主体以及互补性资源之间的协同尤为重要。

其次，生物多样性法则在数字创新生态系统中也得到了体现。保持生物多样性是自然生态系统应对环境突变的重要方式，对生态系统的发展具有积极的影响。如表 9-6 所示，准全面型和全面型两个组态几乎包含了所有的种群和流量。同时，这两个组态具有较高的覆盖度，意味着依靠多样化的种群和流量来获取高技术绩效或财务绩效是更为普遍的模式。

四、结论

构建数字创新生态系统是核心企业开展数字创新的重要战略选择。本书将数字创新生态系统中的种群分为数字产品/服务生产者、网络运营者、平台运营者、科研机构和消费者五类，将流量分为经济流、技术流和关系流三类，以人工智能产业的上市公司及其构建的数字创新生态系统为分析对象，使用 fsQCA 方法，研究了数字创新生态系统的"种群-流量"组态与核心企业技术绩效和财务绩效间的关系，得到如下研究结论：①数字产品/服务生产者和技术流是核心企业获取高技术绩效的核心条件，根据边缘条件的不同可以分为准全面型、平台驱动型两类组态；②大规模数字生态系统中产生高财务绩效的条件是以平台运营者、经济流和关系流为核心的，其余所有种群和流量都为边缘条件的全面型组态；小规模数字创新生态系统中产生高财务绩效的条件则是以平台运营者和科研机构为核心的，消费者和三类流量为边缘条件的依附型组态；③总体而言，提升生物多样性有助于提升核心企业的绩效，与高技术绩效相比，核心企业从数字创新生态系统中获取高财务绩效的条件更为复杂。

创新生态系统是创新管理的研究热点，数字创新生态系统又是其中的前沿问题。笔者所作研究对该领域具有积极的理论贡献。首先，笔者为研究数字创新生态系统提供了一个相对完整的分析框架。基于生物学类比思想，种群和流量是创新生态系统的核心构成要素。但在这一思想基础上，如何进一步开发适用于数字创新生态系统的分析框架还有待探索。笔者对数字创新生态系统种群和流量类型的分析，有助于揭示数字创新生态系统的构成。其次，笔者所作研究有助于进一步理解数字创新生态系统的构成与核心企业绩效间的多重并发因果关系。构成要素之间具有协同关系是任何系统都具有的本质属性，也是整体观的内在要求。现有研究关注了创新生态系统单个要素对核心企业绩效的影响，却缺乏基于组态思维的整体性研究。笔者识别了人工智能领域核心企业从数字创新生态系统中获取高技术绩效和财务绩效的"种群-流量"组态，从系统整体观视角进一步丰富了创新生态系统与核心企业绩效之间关系的理论研究。

随着数字创新的兴起，越来越多的企业开始实施生态化战略，试图通过构建创新生态系统提升自身绩效和获取长期竞争优势。笔者所作的研究对上述企业的实践也具有积极的启示意义。首先，多样性协同是构建数字创新生态系统的普遍法则。核心企业在实施生态化战略时，需要广泛地与异质性主体开展合作，进行资源的交互，以及长期战略关系的构建，对提升核心企业的财务绩效而言，这一点尤为重要。其次，对提升核心企业的技术绩效而言，需要加强与数字创新企业的合作，并强化技术资源的流动，大力实施开放式创新。最后，从动态发展的角度看，当数字创新生态系统规模较小时，核心企业对于合作主体的选择和生态流量的利用可以有所侧重，但无论对提升技术绩效还是财务绩效而言，都要关注与网络运营商的合作和关系资源的交互。

数字创新生态系统的相关研究方兴未艾，笔者对这一领域进行了有益的探索，但也存在诸多局限之处。在后续研究中，一是结合二手数据挖掘开展访谈调研，以更好地刻画样本企业所构建的数字创新生态系统的全貌，提升数据的质量；二是从创新生态系统具有的自组织演化特性出发，针对个案进行纵贯研究，识别"种群-流量"组态的动态变化与绩效间的关系。

第10章 基于混合蚁群算法的柔性作业车间调度问题研究

企业要在激烈的市场竞争中立于不败之地，高效的生产调度是提高经济效益、降低成本的必由之路。作为生产调度的一个重要分支，柔性作业车间调度问题（flexible job-shop scheduling problem，FJSP）是一个喜忧参半的问题。它准确地反映了实际生产的特点，但增加了解决问题的难度。以蚁群算法为基本优化方法，将精英蚂蚁系统、最大最小蚂蚁系统和分段参数控制机制相结合，笔者提出了基于三维析取图模型的混合蚁群算法，以最长完工时间、提前/延误惩罚成本、机器平均闲置时间和生产成本最小为优化目标对 FJSP 进行了优化，并通过算例验证了模型和算法的有效性。

一、研究基础

从计算机工程到制造，如何协调调度是经济学领域的常见问题。在大多数情况下，这也是一个难以有效解决的复杂问题。作为生产调度的一个分支，作业车间调度问题（job-shop scheduling problem，JSP）是组合优化中最复杂的难题。众所周知，JSP 是一个非确定性多项式（nondeterministic polynomially，NP）难题（Garey et al.，1976）。即使它只是一个中等规模的组合，现有的算法也不可能得到最优解。近年来，人们越来越关注 FJSP（Chan，2006），它是 JSP 问题的扩展。FJSP 主要包含两类，一种是为每个操作分配一台机器，另一种是按照预设的加工顺序，每个操作在不同的机器上进行，两者均旨在实现最小化预定目标。

Bruker 和 Schlie 是第一个提出这个问题的人，他们开发了一种多项式算法来解决这个问题。Brandimarte 是第一个应用分解法求解 FJSP 的学者。他利用一些现有的调度规则来解决 FJSP 的路线问题。Tung 等（1999）为柔性制造系统提出了类似的调度方法。Kacem 等（2002）提出了一种由分配模型控制并由定位方法生成的遗传算法。通过综合考虑，该方法可以同时实现分配和调度（他们将重新分配和重新调度视为两种不同类型的操作）。Dauzere-Peres 和 Paulli 没有区分重新分配和重新调度，而是提出了一种社区结构和集成方法。

如上所述，以往的研究大多只追求单一的优化目标（Amiri et al., 2010；Moslehi et al., 2011；Rajkumar et al., 2011；Wang et al., 2012；Xu et al., 2013），而现有模型由于缺乏对实际生产的约束而不具有通用性（Moslehi 和 Mahnam, 2007；Wang et al., 2010；Cao and Yang, 2011）。因此，笔者尝试用蚁群算法解决多目标 FJSP。具体而言，笔者基于 3D 析取图模型，设计了混合蚁群算法，对 4 个 FJSP 目标进行优化，并通过实例验证了模型和算法的正确性。

二、FJSP 介绍

1. 问题描述

FJSP 是关于系统中总共有 m 台机器加工 n 个零件的问题。每个工件需要一个或多个操作来完成，每个操作可以在不同的机器上进行（按照预设的加工顺序）。此外，花费的时间取决于特定机器的性能。本质上是指，设置操作的开始时间，并确定处理顺序以优化系统的整体性能指标。

在建模之前做出以下假设：机器相互独立；不同操作在不同机器上移动的时间可以忽略不计；一台机器在给定时间只能处理一个工件或一次操作；同一工件的不同操作应遵循严格的顺序（以满足相应的约束条件），但此约束不适用于不同的工件。

2. 目标函数

在零部件加工过程中，企业各部门都希望作业车间调度决策符合自身利益。为了平衡多方的利益，笔者建立了多目标优化模型，以最小化最长完工时间、提前/延迟惩罚成本、机器平均闲置时间和生产成本。具体步骤如下：

$$\min f_1 = \max\left\{\sum_{i=1}^{n} C_i\right\} \tag{10-1}$$

$$\min f_2 = \min\left\{\sum_{i=1}^{n} \chi_i \max\{0, E_i - C_i\} + \mu_i \max\{T_i - C_i, 0\}\right\} \tag{10-2}$$

$$\min f_3 = \min\left\{\sum_{i=1}^{m} I_i / m\right\} \quad \left(I_i = C_{\max} - \sum_{j=1}^{m_i} C_{ij}, C_{\max} = \max\{C_1, C_2, \cdots, C_n\}\right) \tag{10-3}$$

$$\min f_4 = \min\left\{\sum_{i=1}^{m} v_i \mathrm{WF}_i + \sum_{i=1}^{m} v_i'(W_i - \mathrm{WF}_i)\right\} \tag{10-4}$$

约束条件如下：

$$E_{ijk} - E_{i(j-1)k} > c_{ijk} \quad (1 < j < j_i, Y_{ijk} = Y_{i(j-1)m} = 1) \tag{10-5}$$

$$E_{egk} - E_{ijk} > c_{egk} \quad (Y_{ijk} = Y_{egk} = 1, X_{ijegk} = 1) \tag{10-6}$$

$$E_{ijk} > c_{egk} \quad (Y_{ijl} = 1) \tag{10-7}$$

目标函数 $\min f_1$、$\min f_2$、$\min f_3$ 和 $\min f_4$ 分别代表最小化最长完成时间、最小化提前/延迟惩罚成本、机器最小化平均空闲时间和最小化生产成本；约束条件式（10-6）表示工件 J_i 的第 j 次操作不应在第 $j-1$ 次操作完成之前开始；约束条件式（10-7）表示机器 k 不应在任何给定时间同时处理两个不同的工件或进行两种操作。

上述系列公式中：C_i 为工件 J_i 的完成时间；χ_i 为提前完成工件 J_i 的单位时间惩罚系数；μ_i 为延迟完成工件 J_i 的单位时间惩罚系数；E_i

为工件 J_i 的最早交货时间；T_i 为工件 J_i 的最新交货时间；I_i 为机器 M_i 的空闲时间；C_{max} 为所有工件的最长完成时间；C_{ij} 为机器 M_i 上第 j 个工件的完成时间；m_i 为机器 M_i 上加工的工件数量；WF_i 为机器 M_i 上所有处理时间的总和；W_i 为机器 M_i 上加工的最后一个工件的完成时间；v_i、v_i' 分别为机器 M_i 的动态和静态速率；n 为工件数量；m 为机器数量；J_i 为第 i 个工件；j_i 为工件 J_i 中包含的操作数；c_{ijk} 为机器 k 处理工件 J_i 的第 j 次操作的操作时间；E_{ijk} 为机器 k 处理工件 J_i 的第 j 次操作的处理时间。

$$X_{ijegk} = \begin{cases} 1, & \text{在机床上进行第 } i \text{ 个工件的第 } j \text{ 次操作和第 } e \text{ 个工件} \\ & \text{的第 } g \text{ 次操作，且 } j \text{ 的加工时间早于 } g \\ 0, & \text{其他} \end{cases}$$

$$Y_{ijk} = \begin{cases} 1, & \text{在机器上进行第 } i \text{ 个工件的第 } j \text{ 次操作} \\ 0, & \text{其他} \end{cases}$$

三、算法设计

蚁群算法是一种进化算法，源于蚂蚁在寻找食物时的路径选择行为。尽管现有研究揭示了蚁群算法的许多优点，但该算法在解决大规模问题时，往往会收敛形成局部最优解。为了克服这个缺点，笔者建立了以下混合蚁群算法，希望得到关于解决 FJSP 的更优方案。

1. 3D 析取图建模

3D 析取图建模对于利用蚁群算法进行优化至关重要。针对 FJSP 基于 2D 析取图的模型信息不足、效果不佳的问题，笔者提出了一种基于 3D 析取图的建模方法。

2. 算法流程图

图 10-1 展示了算法的流程图。

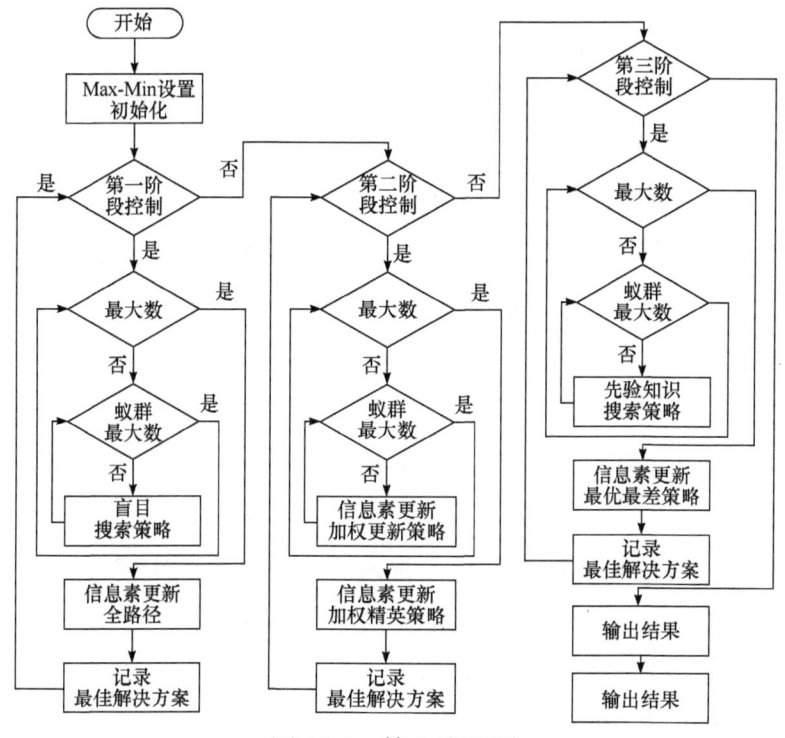

图 10-1 算法流程图

具体步骤如下：

步骤 1：设置算法参数，包括循环次数 N，蚁群数量 L，阶段参数控制机制中的控制参数 δ_1、δ_2，信息素的挥发系数使得蚁群在 ρ_1、ρ_2、ρ_3 之间能够进行信息交换，蚂蚁 l 的节点，信息素的基本量 Q_1、Q_2、Q_3，蚁群数量 m_1，m_2，$\cdots$，m_L，以及最大化最小蚁群参数机制 Max-Min：$(\varepsilon_{\min 1},\varepsilon_{\max 1}),(\varepsilon_{\min 2},\varepsilon_{\max 2}),(\varepsilon_{\min 3},\varepsilon_{\max 3}),\Delta\tau_{ij}=0\ \&\ t=1$。

步骤 2：随机搜索阶段（循环 1 到循环 $N\text{-}\rho_1 N$）

（1）设置 Max-Min 机构 $\varepsilon_{\min 1}$、$\varepsilon_{\max 1}$ 的参数。

（2）用人工蚁群进行随机搜索：当蚁群到达一个新节点时，判断该蚁群是否支持插入式搜索。如果支持，则继续搜索；否则，让蚁群 m_w 按照随机搜索策略在候选策略集合 D_v^w 中找到下一个节点。将节点放入结果集 R_w，让蚁群向前移动一个节点，从而根据 3D 析取图的跟踪规则形成新的候选策略集。

（3）信息素更新：根据当前周期的解和基本信息素策略更新所有蚁群的信息素。

步骤 3：轮盘赌搜索阶段（循环 $N\text{-}\delta_1 N$ 到循环 $\delta_1 N\text{-}\delta_2 N$）

（1）设置 Max-Min 机构 $\varepsilon_{\min 2}$、$\varepsilon_{\max 2}$ 的参数。

（2）用人工蚁群进行轮盘搜索：当蚁群到达新节点时，判断蚁群是否支持插入式搜索。如果支持，则继续搜索；否则，让蚁群 m_w 按照轮盘赌策略找到候选策略集 D_v^w 中的下一个节点。将节点放入结果集 R_w，让蚂蚁向前移动一个节点。根据 3D 析取图的跟踪规则形成新的候选策略集。

步骤 4：先验知识搜索阶段（循环 $\delta_1 N\text{-}\delta_2 N$ 到循环 N）

（1）设置 Max-Min 机构 $\varepsilon_{\min 3}$、$\varepsilon_{\max 3}$ 的参数。

（2）用人工蚁群进行先验知识搜索：当蚁群到达一个新节点时，让蚁群 m_w 按照先验知识找到候选策略集 D_v^w 中的下一个节点。将节点放入结果集 R_w，让蚂蚁向前移动一个节点。根据图 10-1 中的对应规则形成新的候选策略集。

（3）信息素更新：根据当前周期的解和"最好-最差"机制更新所有蚁群的信息素。

步骤 5：终止计算并输出结果。

四、案例研究

1. 案例选择

选择一个 8×8 的 FJP。每台机器上每个操作的处理时间见表 10-1。

表 10-1　8×8 FJP

工件	操作	M_1	M_2	M_3	M_4	M_5	M_6	M_7	M_8
J_1		M_2	M_3	M_4	M_5	M_6	M_7	M_8	10	9
	$O_{1,2}$	10		5	8	3	9	9	6

续表

工件	操作	M_1	M_2	M_3	M_4	M_5	M_6	M_7	M_8
J_1	$O_{1.3}$		10		5	6	2	4	2
J_2	$O_{2.1}$	5	7	3	9	8		9	
	$O_{2.2}$		8	5	2	6	7	10	9
	$O_{2.3}$		10		5	6	4	1	7
	$O_{2.4}$	10	8	9	6	4	7		
J_3	$O_{3.1}$	10			7	6	5	2	4
	$O_{3.2}$		10	6	4	8	9	10	
	$O_{3.3}$	1	4	5	6		10		7
J_4	$O_{4.1}$	3	1	6	5	9	7	8	4
	$O_{4.2}$	12	11	7	8	10	5	6	9
	$O_{4.3}$	4	6	2	10	3	9	5	7
J_5	$O_{5.1}$	3	6	7	8	9		10	
	$O_{5.2}$	10		7	4	9	8	6	
	$O_{5.3}$		9	8	7	4	2	7	
	$O_{5.4}$	11	9		6	7	5	3	6
J_6	$O_{6.1}$	6	7	1	4	6	9		10
	$O_{6.2}$	11		9	9	9	7	6	4
	$O_{6.3}$	10	5	9	10	11		10	
J_7	$O_{7.1}$	5	4	2	6	7		10	
	$O_{7.2}$		9		9	11	9	10	5
	$O_{7.3}$		8	9	3	8	6		10
J_8	$O_{8.1}$	2	8	5	9		4		10
	$O_{8.2}$	7	4		8	9		10	
	$O_{8.3}$	9	9	7	8	5	6	7	1
	$O_{8.4}$	9		3	7	1	5	8	

具体参数参见表 10-2 和表 10-3。

表 10-2 每台机器的成本　　　　单位：元/小时

机器	M_1	M_2	M_3	M_4	M_5	M_6	M_7	M_8
动态成本	5	1	3	4	10	8	6	5
固定成本	1	0.2	1	1	2	1	2	0.5

表 10-3 优化指标权重

优化指标	$\min f_1$	$\min f_2$	$\min f_3$	$\min f_4$
权重	$\lambda_1 = 0.2$	$\lambda_2 = 0.3$	$\lambda_3 = 0.2$	$\lambda_4 = 0.3$
综合指数	$\min f = \sum_{i=1}^{4} \theta_i \cdot \lambda_i \cdot \min f_i (\theta_i: Dimension\ coefficient)$			

2. 案例结果

以 100 次循环运行算法 10 次以获得最优解（表 10-4）。

表 10-4 最优解

$\min f$	$\min f_1$	$\min f_2$	$\min f_3$	$\min f_4$
272.37	40	10.7	24.38	865.4

如上所述，FJSP 的最小化最长完成时间、最小化提前/延迟惩罚成本、最小化机器平均空闲时间和最小化生产成本分别为 40.0、10.7、24.38 和 865.4。综合四项指数，综合指数为 272.37。甘特图显示了每台机器上不同工件的操作的加工顺序。

五、结论

FJSP 准确分析了制造系统的实际生产调度情况，高效合理的生产调度是提高企业市场竞争力的关键。有鉴于此，笔者以 FJSP 为对象，从问题描述、建模和算法设计等方面阐述了如何解决该问题，并通过实例验证了所提算法的有效性。

第 11 章 基于物联网的智能公交系统设计

如今，现代城市的快速发展带来了一些不可避免的问题，其中之一便是交通拥堵。在首都北京，人们在上班的路上每天都需花费大量的时间。即使在一些发展中国家的中等规模城市，交通拥堵也已成为一种比较常见的现象。虽然政府已经做出了很多努力，如拓宽道路和增加交通基础设施的投资，但由于私家车的迅速增长等原因，因此收效甚微。

解决大中型城市交通拥堵问题的主要方案是发展协调高效的公共交通。与私家车相比，公共交通具有更强的装载能力。一辆公交汽车的乘客所占用的平均道路面积远低于一辆私家车。此外，公共交通还具有成本低、碳排放低、空气污染少等优点。

在过去的几十年中，公共交通系统随着信息技术的发展取得了长足进步。然而，公共交通系统面临的主要挑战之一是容易受到各种干扰和存在不确定性。例如，容易受到许多不可控制的突发事件或外在因素的干扰，如极端天气、客流波动、车辆故障、交通状况的动态变化，都可能对公共交通系统的管理产生影响，导致预先确定的调度计划和资源分配计划在执行过程中受到干扰。因此，需要将新的信息技术、运筹学方法和先进的管理理论引入到公共交通系统管理中来，以克服这些困难。

物联网为公共交通系统的发展提供了机遇。众所周知，物联网是基于互联网和无线远程通信等技术发展起来的新范式。物联网组件各自具有独特的身份，它们可以相互影响，以达到共同的目标。物联网在制造业、物流、交通、医疗等领域发挥着重要作用，给我们的日常生活带来了革命性的变化。在物联网中，公共交通系统可以获取各种实时信息，减少了系统的不确定性，增强了系统的快速反应能力，将有助于对公共交通系统进行精确控制和管理。另外，一些基于物联网的交通子系统具有自协调、自治的能力，可以减少数据传输量，减轻运输控制中心的计算负担。例如，智能交通灯控制器感知到十字路口的公交车后，可以调整交通信号的相位时间。公交车上的自动乘客计数器感知到乘客的存在后，利用其嵌入式识别算法计算乘客数量，并将计数结果发送到公交车终端。因此，在物联网环境下，公共交通系统可以提供更好的控制策略和调度方案，从而更有效地提高公共交通质量。

笔者提出一种基于物联网的智能公交系统框架。相对于现有文献论述的物联网环境下的公共交通系统而言，本章的创新点包括以下几个方面。①提出了一个新的基于物联网的公共交通框架模型，它集成了地铁、公交汽车和共享出租车的调度问题，实现了更好的协调传输；②基于挖掘周期性模式提出了交通流预测的方法，用于道路流分析和客流分析；③建立了数学模型和基于决策支持系统（decision support system，DSS），用于解决车辆动态调度和控制问题。

本章主要包括以下内容。①针对研究对象，简要梳理了相关的研究文献。②提出了基于物联网的公共交通系统框架，介绍了动态调度控制系统模块的相关设计，并将其作为整个公共交通系统的核心部分。③构建了关于公交动态调度的数学模型，并提出求解算法。④对评估算法进行了案例实验，最后得出结论。

一、研究基础

公共交通系统是城市交通的重要组成部分，满足了市民的基本出行需求。近年来，人们对公共交通系统产生了浓厚的兴趣，学界围绕这一课题进行了大量研究。虽然物联网是一个相对较新的概念，但许多学者都试图将物联网元素整合到公共交通系统中。Li 等（2010）讨论了利用 RFID 等物联网相关技术为公交乘客提供车辆救援、视频监控、路线优化等一系列公共交通服务的必要性。Kyriazis 等（2013）概括了关于公共交通巡航控制的物联网应用。Zhang 和 Chen（2014）建立了一种基于物联网的公交拥挤指数实时直播系统，该系统是基于无线传感器网络节点、汇聚节点和终端分析模块构建的，可以用于公交拥挤状况的评价。Zheng 等（2015）介绍了成都新开发的一种应用物联网技术的智能公交系统，并对该系统的性能进行了分析。Du 等（2015）设计了一种公共道路运输网络应急管理系统，该系统利用物联网技术监控道路网络中的交通状况和关键交通基础设施运行状况，并利用地理信息系统来优化系统中的态势感知功能。Sutar 等（2016）提出了一种全球定位系统（global positioning system，GPS）和 Android 等技术相结合的物联网应用方法，可以使乘客更加快捷地乘坐公共交通工具。Puiu 等（2017）设计了一个关于公共交通系统的应用程序，该应用程序通过实时处理站点公交车到站和市民报告的事件的物联网数据流，为市民提供路线建议和事件通知服务。

然而，上述研究没有考虑各种公共交通方式之间的合作，从信息系统的角度来看，并没有分析多变的网络环境对之产生的影响，并且所得的数据并没有体现出动态控制和调度的核心作用。这些问题促使我们开展此项研究。

二、基于物联网的公共交通系统框架与调度控制系统

公共交通从广义上包括航空、铁路、公路和水运等。笔者在进行道路公共交通系统设计时，考虑了现代城市居民最常用的三种出行方式——公交、地铁（或轻轨）和共享出租车。笔者拟建的智能公交系统的通信网络，如图 11-1 所示。具体包括如下内容。

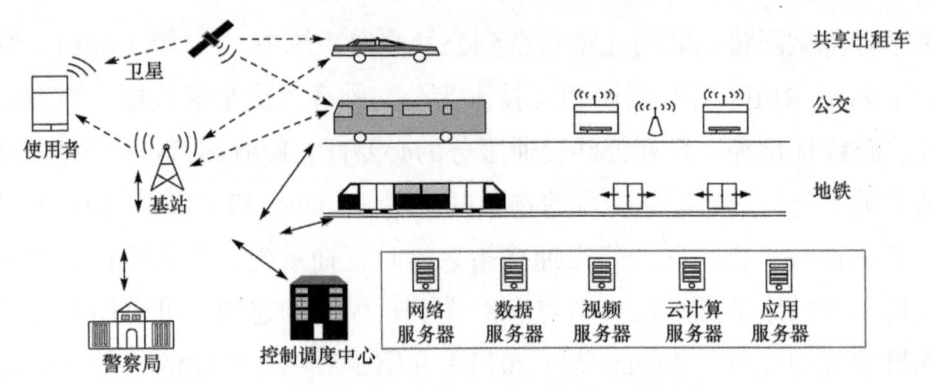

图 11-1 拟建的智能公交系统的通信网络

（1）乘客通过智能手机等无线终端与系统连接，通过嵌入式 GPS 模块和 GIS①软件包提供自己所处的地理位置。

（2）共享出租车利用车载单元（on board unit，OBU）或智能手机等智能设备接收卫星信号，通过电信无线网络与控制调度中心连接。

（3）在公交汽车上安装 OBU 后，控制调度中心的无线网络能够发送或接收 GPS 信息数据，并确定智能终端在公交车站或道路设施（如灯柱）的帮助下可以短距离无线通信。智能终端是收集公交站点周围动态道路交通状况和客流状况的设备。当智能终端检测到一辆公交汽车接近时，它识别公交上的 RFID 标签，与公交车的 OBU 连接，并从 OBU 接收信息（如公交的运行状态和乘客数量），之后智能终端向控制调度中心发送相关数据。智能终端可以被安装在公交站或道路基础设施上，可以通过局域网访问互联网，从而控制调度中心可以获得公交车的精确位置。

（4）地铁及车站相关设施上配备有传感器等设备，可以通过专用网络连接到控制调度中心，准确性较高。

（5）控制调度中心接收共享出租车、公交、地铁等共享子系统的数据，并从乘客或潜在用户处获取信息，进一步对从出发地至目的地的出行流作出分析，提供协调解决方案，并向车辆发送指令。控制调

---

① GIS 是指地理信息系统（geographic information system）。

度中心配备了网络服务器,为用户提供旅行查询服务;数据服务器,用于存储系统运行数据;视频服务器,用于保存车辆摄像头的监控历史记录;云计算服务器,对调度和控制进行相关计算;应用服务器,为系统提供各种应用软件。

(6)公安机关对运行中的车辆进行状态调查,以便于控制调度中心接到报警时采取相应行动。

根据物联网的基本内涵,系统一般可分为感知层、网络层、应用层三层。下面对这三层的功能进行说明。

(1)感知层。感知层是物联网的信息源,包括系统的各种传感器和数据采集设备。具体来说,它可以包括以下内容。①来自乘客的设备。例如,可以提供乘客位置信息的智能手机。②公共交通上的装置,如监控技术参数(速度、里程、油耗等)的终端板、公交收集支付信息的票价箱、检测公交内部温度和湿度的智能传感器、数码摄像机等。③汽车站的设备,如与等候乘客互动的智能板、数码摄像机等。④安装在道路设施上的装置。例如,用于报告道路实时状态的信号装置、嵌入RFID阅读器的智能灯杆等。⑤公交上的技术设备,如带有RFID标签的员工卡、与控制调度中心通信的移动设备。

(2)网络层。网络层负责将感知层的信息传输到应用层。它包括有线通信和无线通信。无线通信可以进一步分为公共无线通信和私人无线通信。公共无线通信的典型代表有GSM、GPRS、4G、5G等。公共无线通信可以远距离传输车辆状态或交通流信息。私人无线通信通常包括Zigbee、Wi-Fi、蓝牙等,可以将智能传感器安装在终端连接车辆或公交站点上。

(3)应用层。应用层对感知层接收到的数据进行处理,为乘坐交通工具的乘客或工作人员提供服务。应用层可分为平台子层和业务子层。在平台子层中,常用方法和算法被封装到中间件中,并得到云计算的支持。例如,利用数据挖掘算法来寻找网络流量的常规特征。对于共享出租车系统，可以在共享出租车上安装车速采集软件，以获取实时路网状况；服务请求推送应用，可将乘客出行请求推送给共享出租车驾驶员；任务分配应用程序可为驾驶员分配中转乘客提供服务。对于地铁系统来说，可以根据实时数据，进行站台信息播报。对于公交系统来说，可以采用交通灯控制和绿波控制的方式来保证公交车优先通行。对于道路运输系统来说，基于车辆的实时位置，采用车辆在线监控、动态调度车辆和人员的方式，可以最大限度地提高运输资源的利用率。在换乘时，顾客可选择不同的交通方式，如地铁、公交车和共享出租车，因此可以采用综合调度的方式来优化系统的整体效率，基于路网和公共车辆的实时信息，为出行者提供交通信息发布、出行查询和引导等服务，以方便公众出行。另外，公共安全保障、应急响应和救援行动，也都是公共交通系统中不可缺少的部分，我们也将之放于应用层。

基于物联网的公共交通系统框架中，实现车辆的动态调度和控制是核心部分。由于物联网使获取丰富的多源数据成为可能，公共交通系统可以充分利用物联网来控制和分配车辆，从而提高系统效率。

动态控制系统，如图 11-2 所示。利用物联网设备可以收集公共交通系统的实时信息，包括乘客在站点的等待队列、交通信号灯状态和车辆轨迹等。将收集到的信息与从互联网中提取的信息，如社会事件、天气预报、公众通知、旅游趋势等进行存储和处理，并将信息发送到控制调度中心。控制调度中心可据此进一步分析关于交通信息的历史数据，并从中提取有用的数据，如特定站点的早晚客流量。基于前文生成的模型和得到实时信息，采用预测算法计算乘客流量和车辆到达的时间。该系统的核心是动态优化控制模块，该模块根据预测的参数和现有的公交数据（如可用的车辆和驾驶员），应用优化算法寻找车辆调度的最优解。控制调度中心以一定的时间间隔收集实时信息，根据之前所掌握的信息和最新的信息对之前的解决方案进行调整，并将控制指令发送到公共交通系统。

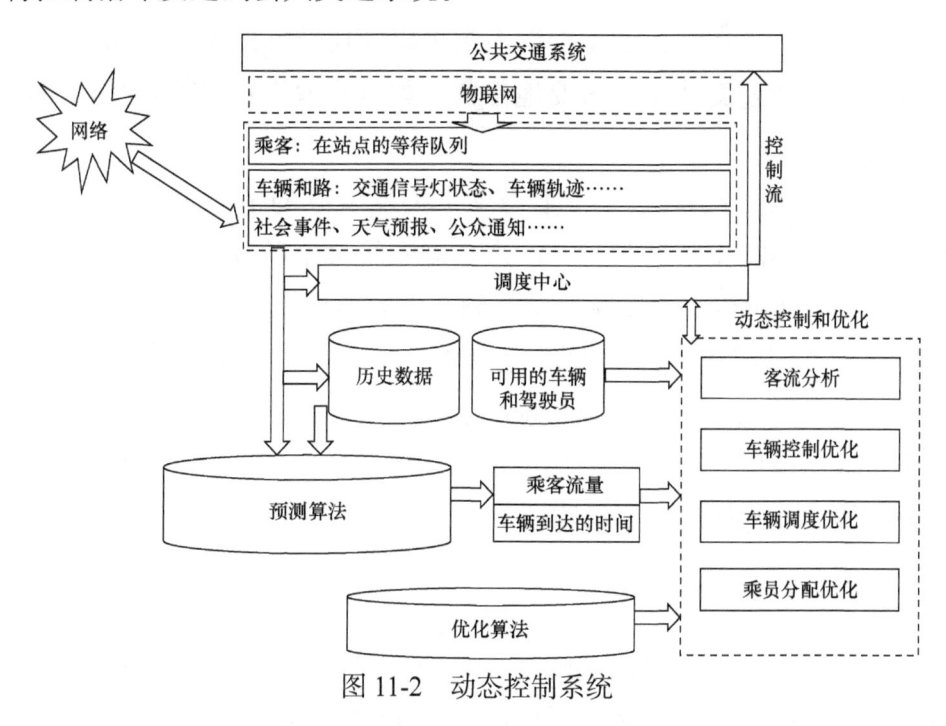

图 11-2　动态控制系统

动态控制系统主要包括客流分析、车辆控制优化、车辆调度优化、乘员分配优化四个模块。下面笔者将对这些模块进行详细介绍。

（1）客流分析。物联网数据具有海量、多源、实时等特点。交通流包括路网流和客流。客流分析分为三个步骤：①数据预处理，通过滤波算法去除物联网传感器中的无用数据，对数据进行标准化处理；②发现潜在规律，从历史交通流数据中挖掘有用的信息，发现有价值的规律；③流量预测，基于时间序列预测算法和第二步所发现的潜在规律，预测未来道路状况和客流量。

（2）车辆控制优化。在物联网环境下，动态控制系统可以与车辆驾驶员进行通信，向他们发送指令，并监控控制效果。对于公交车司机来说，控制策略包括停车等待策略、站点之间车速调整策略等。对于共享出租车司机来说，控制策略可以调整共享出租车的路线。

（3）车辆调度优化。动态控制系统根据物联网采集的实时信息，动态调整调度计划，为车辆运行提供最优路线。当交通系统监测到路网流量或客流异常时，动态控制系统可以使用特殊的调度策略，使车辆减少在每个公交站点不必要地停留，如可采取慢行等策略控制车辆运行速度。

（4）乘员分配优化。在车辆发生突发事故的情况下，如有人生病、驾驶员不能正常驾驶时，动态控制系统会重新分配新的驾驶员到车辆上，这样可以将对车辆正常行驶造成的影响降到最低。

基于不同情境下的问题优化策略，专家、学者们运用运筹学理论，开发了动态调度与控制系统的上述模块。他们还基于调度优化问题进行数学建模，并基于记忆进化的计算算法，开发了物联网背景下的公交调度动态优化控制系统。

三、数学模型及求解算法

在本节中，笔者将详细阐释公交动态调度优化的数学建模过程。此外，笔者还提出了一种基于DSS[①]的进化计算算法。

1. 公交动态调度优化模型

与工厂生产的动态调度相似，公交动态调度优化的模型采用滑动时间窗口算法。比如，在指定的时间点，车队中有些巴士已经离开了站点，而有些巴士仍在等待中，根据实时信息，该模型可重新计算等待队列中车辆的出发时间，得到最优时间表，调整运行车辆的速度，得到当期（时间窗口）的最优解决方案。这个时间窗口就被定义为规划周期。优化模型的构建基于指定的规划周期，并可以重复用于运行参数不同的其他规划周期。随着时间的推移，规划周期以非连续性的时间跨度向前移动。本章对公交动态调度优化模型进行建模，建模包

---

① DSS 的英文全称为 decision support system，中文名称为决策支持系统。它是一个基于计算机用于支持业务或组织决策活动的信息系统。

括以下前提条件。

（1）车队中的车辆是同质的，即每辆车的载客量和座位数是相同的；

（2）在此期间内未发生事故；

（3）车辆驾驶员可以通过车辆上安装的设备与控制调度中心通信，并在车辆离开站点之前调整速度；

（4）相邻两个站点之间的公交在离开站点后运行速度不变；

（5）基于系统所提供的数据，可以得出各站点的乘客到达率分布曲线，且在规划周期内保持不变；

（6）公交车停靠所有站点，不允许违规停车或超车；

（7）某一站点的公交车等待时间，为乘客下车和停靠队列中乘客上车的时间之和。

与建模有关的术语，参见表 11-1

表 11-1　与建模有关的术语

字母	含义
T	规划周期的时长
n^{B1}	在线路上运行的公交数量
n^{B2}	在目前的规划周期内将要发车的公交数量
n^S	公交线路上的站数
C^{max}	公交的容量
D_m	停靠点 $m-1$ 与停靠点 m 之间的距离
T^{board}	单人上车或下车时间
H^{min}、H^{max}	相邻公交车之间的最小和最大间隔
V^{min}、V^{max}	公交运行的平均最慢和最快速度
D_i^{now}	公交 i 与上一站的距离；如果公交不离开，D_i^{now} 等于 0
τ_i^U	公交 i 经过的站点数量，$\tau_i^U = 0$ 指公交 i 刚出发
$N_i^{now\_on}$	规划周期开始时，公交 i 上的起始乘客人数

续表

字母	含义
$N_m^{now\_wait}$	规划周期开始时，在车站 m 等待的乘客人数
$f_m(t)$	第 m 站乘客的到达率
β_m	在 m 车站下车乘客的占比
X_{im}	公交 i 从 m（$m \geqslant 1$）车站出发的时间，$X_{i0}=0$
T_{im}^{arrive}	公交 i 到达 m 站的时间
γ_m	影响公交 i 从站台 $m-1$ 到 m 平均运行速度的权重系数
N_{im}^{wait}	在 m 站，等待公交 i 的乘客人数
N_{im}^{board}	在 m 站，上公交 i 的乘客人数
N_{im}^{left}	在 m 站，公交 i 留下的乘客数
N_{im}^{alight}	在 m 站，下公交 i 的乘客人数
N_{im}^{on}	当公交 i 达到 m 站时乘客的人数
T^{avg_w}	上一班车留下乘客的平均等待时间
T^{trip}	公交车在线路上运行的时间上限
X_{i1}	X_i 表示规划时间内公交 i 起始站出发时间；X_{i1} 表示 X 的最后一个下标为 1，表明只控制第一站的离开时间，不考虑等待的情况
V_{im}	从站点 $m-1$ 到站点 m，公交 i 的平均运行速度

进行动态公交调度的主要目的，是通过等待时间、可达性、出行时间、服务的直接性、服务频率、乘客密度等评价标准来反映公交系统服务水平。在与公交调度和控制的相关文献中，评价公交系统服务水平的标准中，乘客等待时间是使用得最为广泛的一个。因此，笔者将乘客总等待时间最小化作为优化模型的目标。乘客的总等待时间可分为以下两部分。

（1）乘客在目前的计划周期内等待第一次到达 m 站的公交 i 的时间，即

$$T^{\text{first}} = \sum_{i=1}^{n^{B1}+n^{B2}} \sum_{m=1}^{n^S} \int_{X_{(i-1)m}}^{X_{im}} (X_{im}-t) f_m(t) \mathrm{d}t \qquad (11\text{-}1)$$

（2）由于公交容量限制而没有乘坐到上一辆公交的乘客，等待公交 i 所花费的时间，即

$$T^{\text{left}} = \sum_{i=1}^{n^{B1}+n^{B2}} \sum_{m=1}^{n^S} N_{im}^{\text{left}} \left[X_{im} - X_{(i-1)m} \right] + \sum_{m=1}^{n^S} T^{\text{avg\_w}} N_{(n^{B1}+n^{B2})m}^{\text{left}} \qquad (11\text{-}2)$$

优化模型的目的是使式（11-1）和式（11-2）之和最小，即

$$\min Z = T^{\text{first}} + T^{\text{left}} \qquad (11\text{-}3)$$

当一辆公交在规划周期内到达下一站时，可以直接初始化该公交车上的乘客数量，即

$$N_{im}^{\text{on}} = N_i^{\text{now\_on}} \quad (i=1,2,\cdots,n^{B1}; m=\tau_i^U+1) \qquad (11\text{-}4)$$

公交 i 到达下一站的乘客人数，等于前一站的乘客人数减去在该站下车的乘客人数，加上在前一站上车的乘客人数，即

$$N_{im}^{\text{on}} = N_{i(m-1)}^{\text{on}} + N_{i(m-1)}^{\text{board}} - N_{i(m-1)}^{\text{alight}} \quad (i=1,2,\cdots,n^{B1}; m=\tau_i^U+2,\cdots,n^S$$
$$\text{或} i=n^{B1}+1,\cdots,n^{B1}+n^{B2}; m=\tau_i^U+1,\cdots,n^S) \qquad (11\text{-}5)$$

一辆公交车的到达时间可以依据两种情境计算得出。

情境 1：一辆公交车在规划周期内已经开始在某条线路上行驶，那么公交车到达下一站的时间，与当前位置和下一站的距离有关，因此到达时间可表示为

$$T_{im}^{\text{arrive}} = (D_m - D_i^{\text{now}})/(\gamma_m V_{im}) \quad (i=1,2,\cdots,n^{B1}; m=\tau_i^U+1) \qquad (11\text{-}6)$$

情境 2：在其他情况下，公交到达下一站的时间，与上游站发车时间和相邻两站之间的距离有关，因此公交车到达时间可表示为

$$T_{im}^{\text{arrive}} = X_{i(m-1)} + D_m/(v_m V_{im}) \quad (i=1,2,\cdots,n^{B1}; m=\tau_i^U+2,\cdots,n^S$$
$$\text{或} i=n^{B1}+1,\cdots,n^{B1}+n^{B2}; m=\tau_i^U+1,\cdots,n^S) \qquad (11\text{-}7)$$

根据这一假设，在某一站下车的乘客人数与公交总乘客人数成比

例，即

$$N_{im}^{\text{alight}} = \beta_m N_{im}^{\text{on}} \quad (i=1,2,\cdots,n^{\text{B1}}+n^{\text{B2}}; m=\tau_i^{\text{U}}+1,\cdots,n^{\text{S}}-1) \quad (11\text{-}8)$$

对于在规划周期内已经开始在线路上运行的公交来说，在车站等待公交的乘客人数为

$$N_{im}^{\text{wait}} = N_m^{\text{now\_wait}} + \int_0^{T_{im}^{\text{arrive}}} f_m(t)\mathrm{d}t \quad (i=1,2,\cdots,n^{\text{B1}}; m=1,2,\cdots,n^{\text{S}}-1) \quad (11\text{-}9)$$

其中，方程右部分的第一个参数是在规划周期内已经开始在等待中的乘客人数；第二部分是从规划周期开始到公交 i 到达期间到达的乘客人数。

如果公交容量的剩余空间大于想上车的乘客数量，那么所有乘客都可以上车；否则，只有有限数量的乘客才能上车。因此，能够登上公交的乘客人数可以表示为

$$N_{im}^{\text{board}} = \min\left\{C^{\max} - N_{im}^{\text{on}} + N_{im}^{\text{alight}}, N_{im}^{\text{wait}}\right\}$$
$$(i=1,2,\cdots,n^{\text{B1}}+n^{\text{B2}}; m=1,2,\cdots,n^{\text{S}}-1) \quad (11\text{-}10)$$

不能在车站上车的乘客人数等于等候的乘客总数减去能上车的乘客，即

$$N_{im}^{\text{left}} = N_{im}^{\text{wait}} - N_{im}^{\text{board}} \quad (i=1,2,\cdots,n^{\text{B1}}+n^{\text{B2}}; m=1,2,\cdots,n^{\text{S}}-1) \quad (11\text{-}11)$$

对于在规划范围内没有发车的公交车，在车站候车的乘客人数为

$$N_{im}^{\text{wait}} = N_{(i-1)m}^{\text{left}} + \int_{T_{(i-1)m}^{\text{arrive}}}^{T_{im}^{\text{arrive}}} f_m(t)\mathrm{d}t$$
$$(i=n^{\text{B1}}+1,\cdots,n^{\text{B1}}+n^{\text{B2}}; m=1,2,\cdots,n^{\text{S}}-1) \quad (11\text{-}12)$$

其中，方程右部分的第一个参数是由于容量限制而不能乘坐前一辆公交的乘客人数，第二部分是从公交 $i-1$ 到达时到公交 i 到达时的乘客人数。

公交在车站的发车时间由其到达时间和乘客下车或上车的时间决定的，即

$$X_{im} = T_{im}^{\text{arrive}} + T^{\text{board}} \max\left\{N_{im}^{\text{board}}, \beta_m N_{im}^{\text{on}}\right\} \quad (11\text{-}13)$$
$$(i = 1, 2, \cdots, n^{\text{B1}} + n^{\text{B2}}; m = \tau_i^{\text{U}} + 1, \cdots, n^{\text{S}} - 1)$$

在规划周期内上一班公交留下的乘客的平均等待时间可以表示为

$$T^{\text{avg\_w}} = \sum_{m=1}^{n^{\text{S}}-1} \left[X_{(n^{\text{B1}}+n^{\text{B2}})m} - X_{(n^{\text{B1}}+n^{\text{B2}}-1)m}\right]/(n^{\text{S}} - 1) \quad (11\text{-}14)$$

据此,笔者提出了规划周期下公交调度的优化模型,可表示为

$$\min_{X_{i1}, V_{im}} Z = \sum_{i=2}^{n^{\text{B1}}+n^{\text{B2}}} \sum_{m=1}^{n^{\text{S}}} \int_{X_{(i-1)m}}^{X_{im}} (X_{im} - t) f_m(t) dt$$
$$+ \sum_{i=2}^{n^{\text{B1}}+n^{\text{B2}}} \sum_{m=1}^{n^{\text{S}}} N_{im}^{\text{left}} \left[X_{im} - X_{(i-1)m}\right] \quad (11\text{-}15)$$
$$+ \sum_{m=1}^{n^{\text{S}}} T^{\text{avg\_w}} N_{(n^{\text{B1}}+n^{\text{B2}})m}^{\text{left}}$$

$$H^{\min} \leq X_{im} - X_{(i-1)m} \leq H^{\max} \quad (i = 2, 3, \cdots, n^{\text{B1}}; m = \tau_i^{\text{U}} + 2, \cdots, n^{\text{S}}$$
$$\text{或} i = n^{\text{B1}} + 2, \cdots, n^{\text{B1}} + n^{\text{B2}}; \quad m = \tau_i^{\text{U}} + 1, \cdots, n^{\text{S}}) \quad (11\text{-}16)$$

$$X_{(n^{\text{B1}}+n^{\text{B2}})1} = T \quad (11\text{-}17)$$

$$V^{\min} \leq V_{im} \leq V^{\max} \quad (i = 1, 2, \cdots, n^{\text{B1}} + n^{\text{B2}}; m = 1, 2, \cdots, n^{\text{S}} - 1) \quad (11\text{-}18)$$

$$T_{in^{\text{S}}}^{\text{arrive}} = X_{i1} \leq T^{\text{trip}} \quad (i = 1, 2, \cdots, n^{\text{B1}} + n^{\text{B2}}) \quad (11\text{-}19)$$

X_{i1}、V_{im} 是正整数。式(11-15)表示优化模型的目标函数,即当前规划周期中乘客的总体等待时间的最小化。式(11-16)保证相邻两辆公交车在所有车站之间的距离都在指定范围内的,并且不允许在一条线路上超车。式(11-17)假设最后一辆公交在规划周期结束时离开。式(11-18)限制了公交速度的变化范围(决策变量)。式(11-19)确保每辆公交车从初始停车到终点停车的时间不超过上限。

2. 基于DSS的进化计算算法

由于实时操作层次的公交动态调度优化模型是非线性的、非常复

杂的，因此可以采用元启发式算法来求解这些模型。DSS 初始阶段的基本思想是，将上一代算法的高质量解的信息存储在记忆中，并为下一个人群的初始化做好准备。第一个规划周期的人群是随机产生的。算法迭代过程结束后，从当前规划周期的最后一代中引出一些高质量的解决方案，并储存在记忆中。然后，将时间窗口移动到下一个规划周期，将物联网的实时信息，如运行车辆的位置和每个站等待乘客的数量，导入到系统中，并相应地更新模型参数。新环境下算法总体包括两部分。一部分是随机生成的信息；另一部分是通过结合从存储在记忆中的最佳解决方案中提取的信息。

四、评价和实验结果

为了评估所提出的公交动态调度优化和求解算法，笔者对实际公交线路数据进行了案例研究。公交线路是辽宁省省会沈阳市公共交通网络的一部分。运营公交线路的公交公司提供 7 天以上的实时客流信息和实时公交运行速度等信息。设一条公交线路有 24 个站点，线路长度 16.8 千米。相邻两站平均距离 0.7 千米。该线路每辆公交车的容量为 40 名乘客。包括等待红绿灯的时间，公交车平均运行速度在 5~15 千米。单个旅客平均上下车时间约为 5 秒。

1. 单一规划周期的实验

公交总站确定的发车时间间隔为 10 分钟，这条规定适用于所有公交车。规划周期内的公交线路车辆共计 8 辆，因此需要优化 7 条公交车运行速度。笔者提出了求解单一规划周期优化模型的遗传算法。遗传算法的相关控制参数设置为：种群规模为 70；迭代次数为 500；客流具有一定的规律性。笔者总结了四种主要的客流类型，并基于不同类型的客流进行了数值实验，比较并得到了最优公交调度方案。交叉率为 0.8，变异率为 0.3。通过对公交客流的仔细分析，我们可以发现：

（1）均匀型流量。这种类型通常出现在早高峰和晚高峰之间。车站的平均乘客到达率几乎与时间的变化相同或波动很小。在 10：00 至 12：40，乘客到达率可能会呈现出三种密度类型，即高密度、中密度和低密度。详细的乘客到达率参见表 11-2。

表 11-2 单一客流下的乘客到达率

时间	密度		
	高密度	中密度	低密度
10：00	1.1	0.8	0.4
10：20	1.08	0.75	0.45
10：40	1.1	0.77	0.43
11：00	1.09	0.79	0.48
11：20	1.2	0.82	0.5
11：40	1.18	0.79	0.51
12：00	1.16	0.83	0.43
12：20	1.13	0.8	0.47
12：40	1.1	0.78	0.45

三种密度类型条件下均匀型流量的实验结果见表 11-3。第一种解决方案（Ⅰ）采用的是公交机构默认的方案，即固定频率发车，公交运行速度保持不变。以公交调度时间为决策变量得到第二种解决方案（Ⅱ），以调度时间和公交运行速度为决策变量得到第三种解决方案（Ⅲ）。我们观察到，总体来说三种解决方案的乘客等待时间是不同的。其中 T^{left} 是 0，表明没有乘客因为公交车容量有限错过之前的公交。通过观察 T^{first} 的值，我们可以发现第一种解法的性能最差。以公交车调度时间或航距作为决策变量，得到的解的性能提高但优化率在 5%以下，优化效果不明显。但是，如果调度时间和公交运行速度为决

策变量,在上述三种流量密度条件下,性能均可提高 15%以上,表明该调度策略适用于均匀型流量的情况。由于有 8 路车和 24 站(每辆车 23 个速度变量),又由于空间有限,表 11-3 中没有列出公交在各行程段的最佳运行速度。

表 11-3 三种密度类型条件下均匀型流量的实验结果

方案		密度								
		高密度			中密度			低密度		
		Ⅰ	Ⅱ	Ⅲ	Ⅰ	Ⅱ	Ⅲ	Ⅰ	Ⅱ	Ⅲ
班次	1	10	11	12	10	11	11	10	11	10
	2	10	10	11	10	11	11	10	11	12
	3	10	11	10	10	9	11	10	10	11
	4	10	11	9	10	11	11	10	10	8
	5	10	11	10	10	12	8	10	10	11
	6	10	9	10	10	9	11	10	10	10
	7	10	7	8	10	7	8	10	8	8
目标	T^{first}	10 732.4	10 227.1	9 110.3	7 828.7	7 567.0	6 422.5	4 172.3	4 155.2	3 320.2
	T^{left}	0	0	0	0	0	0	0	0	0
频率		—	4.7%	15.1%	—	3.3%	17.9%	—	0.4%	20.4%

(2)上斜型流量。这种情况通常发生在早高峰开始时或晚高峰开始时。规划范围为 7:00~9:15,乘客到达率也分为三种密度类型,即高密度、中密度、低密度。乘客的到达率见表 11-4。

表 11-4 上斜型流量的乘客到达率

时间	密度		
	高密度	中密度	低密度
7:00	1.10	0.73	0.48
7:15	1.17	0.74	0.54
7:30	1.23	0.80	0.55
7:45	1.30	0.88	0.60

续表

时间	密度		
	高密度	中密度	低密度
8:00	1.36	0.97	0.68
8:15	1.43	1.07	0.75
8:30	1.46	1.09	0.78
8:45	1.50	1.10	0.80
9:00	1.56	1.14	0.82
9:15	1.63	1.17	0.90

表 11-5 是三种乘客密度类型下上斜型流量的实验结果。如果以公交车发车时间为决策变量来确定公交车速度，那么所得到的最优间距先长后短。这一结果与上斜型流量的分布特征相对应，即当公交运行到后半部分路程时较多的乘客会到达站点，公交调度的频率也会更高。通过观察表 11-5，我们可以发现，由于公交容量限制，许多乘客无法上车，初始解 T^{left} 相当大。如果发车时间和公交车速度都是可调整的，那么不仅节省发车时间，还可以大大提高运行效率。在三种密度类型条件下，优化率分别为 19.60%、22.50%和 25.00%。这表明动态调整时间和速度的策略具有良好的效能。

表 11-5 三种乘客密度类型下上斜型流量的实验结果

方案		密度								
		高密度			中密度			低密度		
		Ⅰ	Ⅱ	Ⅲ	Ⅰ	Ⅱ	Ⅲ	Ⅰ	Ⅱ	Ⅲ
班次	1	10	11	11	10	10	12	10	11	10
	2	10	11	10	10	12	11	10	10	11
	3	10	12	11	10	12	9	10	11	9
	4	10	10	9	10	11	9	10	11	10
	5	10	9	12	10	8	9	10	9	12
	6	10	9	9	10	9	9	10	10	8
	7	10	8	8	10	8	8	10	8	10

续表

方案		密度								
		高密度			中密度			低密度		
		I	II	III	I	II	III	I	II	III
目标	T^{first}	13 101.73	12 200.42	11 664.14	9 262.14	9 052.00	7 172.99	7 192.61	6 843.73	5 391.87
	T^{left}	3 260.9	2 355.7	1 485.7	0	0	0	0	0	0
频率		—	11.00%	19.60%	—	2.20%	22.50%	—	4.60%	25.00%

（3）下斜型流量。这种类型的流量通常出现在上午高峰或晚上高峰时间结束时。停靠站的平均乘客到达率随时间的推移而降低。规划周期为18：30至20：45，乘客到达率也呈现出三种密度分布。旅客到达率见表11-6。

表11-6 下斜型流量的乘客到达率

时间	密度		
	高密度	中密度	低密度
18：30	1.10	0.80	0.52
18：45	1.08	0.75	0.50
19：00	1.05	0.73	0.50
19：15	1.00	0.71	0.45
19：30	0.99	0.68	0.42
19：45	0.96	0.65	0.30
20：00	0.90	0.58	0.33
20：15	0.87	0.55	0.28
20：30	0.86	0.44	0.30
20：45	0.80	0.45	0.30

表11-7是三种乘客密度类型下下斜型流量的实验结果。在高密度流量下，由于在公交运行的前半程乘客到达率较高，如果采用第一种

解决方案，由于公交容量限制（T^{left} 不等于 0），一些乘客无法上车。如果公交调度时间被调整，尽管 T^{left} 从 169.1 略增加到 227.3，但如果动态调整调度时间和运行速度，T^{left} 在三种密度下为 0，并且 T^{first} 的密度也大大降低，与所有三种流动密度条件的初始方案相比，性能可提高 20%以上。

表 11-7　三种乘客密度类型下下斜型流量的实验结果

方案		密度								
		高密度			中密度			低密度		
		I	II	III	I	II	III	I	II	III
班次	1	10	10	9	10	9	12	10	10	13
	2	10	8	11	10	9	11	10	10	10
	3	10	10	9	10	10	10	10	10	7
	4	10	10	9	10	10	9	10	10	13
	5	10	11	10	10	10	8	10	11	10
	6	10	12	11	10	11	9	10	11	8
	7	10	9	11	10	11	11	10	8	9
目标	T^{first}	8 340.9	8 075.4	6 629.1	5 333.7	4 917.80	4 072.5	3 625.1	3 493.6	2 692.9
	T^{left}	169.1	227.3	0	0	0	0	0	0	0
频率		—	2.4%	22.2%	—	7.7%	23.6%	—	3.6%	25.7%

（4）凸型流量。当举行一些公共活动时，通常会出现车站的平均乘客到达率先增加，然后逐渐下降的情况。规划范围在上午 7：00～10：00，乘客到达率见表 11-8。三种密度类型下的实验结果见表 11-9。我们从表11-9可以观察到，如果以公交调度时间作为决策变量，则在高、中、低三种密度类型下得到的解的优化率分别为 2.4%、2.6%和 3.6%。然而如果公交运行速度也作为决策变量，那么其优化率在三种客流密度下得到的解则分别为 14.2%、21.7%和 25.8%。这表明，D&S 策略既可以提高公交线路利用率，又适用于凸型流量。

表 11-8　凸型流量的乘客到达率

时间	密度		
	高密度	中密度	低密度
7：00	0.75	0.52	0.38
7：20	0.82	0.60	0.40
7：40	0.85	0.63	0.43
8：00	0.94	0.65	0.45
8：20	0.98	0.77	0.50
8：40	1.10	0.72	0.55
9：00	1.02	0.72	0.48
9：20	0.94	0.68	0.42
9：40	0.87	0.66	0.40
10：00	0.86	0.63	0.40

表 11-9　凸型流量的三个最优解

方案		密度								
		高密度			中密度			低密度		
		Ⅰ	Ⅱ	Ⅲ	Ⅰ	Ⅱ	Ⅲ	Ⅰ	Ⅱ	Ⅲ
班次	1	10	10	11	10	10	12	10	10	11
	2	10	11	10	10	11	11	10	11	12
	3	10	11	10	10	11	10	10	11	9
	4	10	10	10	10	10	9	10	10	8
	5	10	10	9	10	10	8	10	11	11
	6	10	10	10	10	9	9	10	7	9
	7	10	8	11	10	8	11	10	10	10
目标	T^{first}	9 457.7	9 210.6	8 170.1	6 590.5	6 417.4	51 617	4 471.7	4 302.6	3 315.3
	T^{left}	142.9	259.1	0	0	0	0	0	0	0
频率		—	2.4%	14.2%	—	2.6%	21.7%	—	3.6%	25.8%

从上述实验可以看出，通过调整公交调度时间和公交运行速度，不同客流密度和乘客到达率，乘客等待时间总体减少。虽然通过调整公交调度时间提高性能是有效的，但不是很明显（平均优化率为 4%），但同时调整公交调度时间和运行速度可以显著提高性能（平均优化率为 21.1%）。

2. 多个规划周期的实验

在实际情况下，公交线路车站客流分布和道路拥堵状况随时间变化而改变。在物联网环境下，各种设备获取与公交系统相关的实时信息时，公交管理机构可以动态调度公交车，使公交系统的运行更佳。如果考虑多个规划周期，并通过采集的实时信息获得每个规划周期的参数，则可以应用基于 DSS 的遗传算法快速找到每个规划周期的近似最优解。在接下来的实验中，公交线路 ΔT 的信息更新时间间隔为 5 分钟，即每 5 分钟收集一次车站的最新客流量和交通拥堵信息。规划周期的时间范围在 7：00～10：00，分别在起始时间点、Δt 和 $2\Delta t$ 收集信息。三个时间点的乘客平均到达率见表 11-10。

表 11-10 三个时间点的乘客平均到达率

时间	车站																						
	1	2	3	4	5	6	7	8	9	10	11	12	13	14	15	16	17	18	19	20	21	22	23
0	1	1	1	1	1	1	1	1	2	2	3	3	2	2	2	2	1	1	1	1	1	1	1
Δt	1	1	1	1	1	2	2	2	3	3	4	4	4	3	2	2	2	2	2	1	1	1	1
$2\Delta t$	1	1	1	1	1	1	2	3	3	4	5	4	4	3	2	2	2	2	1	1	1	1	1

公交线路沿线的道路拥堵状况随站点的变化而有所不同，也随时间的变化而变化。表 11-11 显示三个更新的时间点的 23 条路段的道路拥堵指数，其中指数"1""2""3""4""5"分别表示道路状况，即"清除""中度清除""轻微堵塞""中度堵塞""严重堵塞"。将道路拥堵指数转化为影响公交运行速度的加权因子。车队的公交车数量也是

8辆，23条公交运行速度需要优化。基于DSS的进化计算算法的详细参数设置如下：种群规模为60；迭代次数为500；交叉率为0.8；变异率为0.2。

表11-11 三个更新的时间点的23条路段的道路拥堵指数

时间	车站																						
	1	2	3	4	5	6	7	8	9	10	11	12	13	14	15	16	17	18	19	20	21	22	23
0	1	1	1	1	1	1	1	1	2	2	3	3	2	2	2	2	1	1	1	1	1	1	1
Δt	1	1	1	1	1	1	2	2	2	3	4	4	3	3	2	2	2	2	1	1	1	1	1
$2\Delta t$	1	1	1	1	1	1	2	3	3	4	5	4	4	3	3	2	2	2	2	1	1	1	1

表11-12显示三个规划周期的实验结果。在起始规划点时，最优的解决方案是乘客等待时间最少为1987.2分钟。在时间点Δt时，公交车之间的最优距离被更改为10分钟、9分钟、10分钟、11分钟、9分钟、9分钟和12分钟，乘客等待时间最少为2127.6分钟。然而，如果不应用动态调度策略，而使用初始方案（Ⅰ）的最优解，则乘客等待的总体时间为2633.2分钟，由此可见改进率为19.2%。

表11-12 三种规划的最优解   单位：分钟

时间	班次							目标值		
	1	2	3	4	5	6	7	第一种解决方案	第二种解决方案	第三种解决方案
0	8	10	11	11	9	9	12	1987.2		
Δt	10	9	10	11	9	9	12	2633.2	2127.6	
$2\Delta t$	10	9	10	11	8	10	12	2354.2	2048.1	1820.3

同样，在$2\Delta t$在时间点乘客等待的最短时间为1820.3分钟。如果采用Δt时间点和初始方案的最优解，那么乘客等待的时间分别为2048.1分钟和2354.2分钟，因此改进率分别为11.1%和22.7%。表11-13显示与三个规划层的最优解相对应的最优平均运行速度，由于空间有

限，速度数据仅适用于车队中的第一辆车。

表 11-13 与三个规划层的最优解相对应的最优平均运行速度　单位：千米/小时

时间	车站																						
	1	2	3	4	5	6	7	8	9	10	11	12	13	14	15	16	17	18	19	20	21	22	23
0	8	12	12	10	11	9	11	11	11	9	11	8	11	11	11	9	12	10	12	7	7	7	
Δt	8	12	12	10	12	11	10	9	8	10	8	10	11	10	11	9	12	10	12	7	7	7	
$2\Delta t$	8	12	12	7	7	8	9	10	6	7	5	6	5	6	8	7	11	12	8	8	8	9	7

通过对实验结果的观察和分析可以得出，所提出的基于多个规划周期的动态调度策略能够有效地利用实时信息，使公交系统运行性能达到最佳。

物联网作为一种很有前途的信息技术，越来越受到各个领域的关注。可以预见，物联网技术将在公共交通系统中得到深入应用，并在不久的将来为该系统提供更高效的公共服务。笔者讨论了物联网环境对公共交通系统的影响，提出了一种基于物联网的智能公共交通系统的新框架；详细描述了系统各要素的部署；提出并分析了作为整个公交系统核心部分的车辆调度系统的各个模块；介绍了动态优化主要模块的信息流、技术方案、数学模型和优化算法。数值实验结果表明，所提出的动态调度策略能够有效地利用实时信息，提高交通系统的运行性能。笔者提出的基于物联网的智能交通系统，可以帮助决策者提高交通资源的利用率，提高调度效率，减少乘客的出行等待时间。

我们所做的研究也存在一定的局限性。比如，在案例研究的实验中，公交线路的复杂实时数据集是不可用的，这为评估和改进所提出的优化算法留下了进一步研究的空间。另外，考虑到交通系统中的不确定性，并应用鲁棒优化方法对问题进行建模，可以开发出有效的算法。

第 12 章　做大做强物联网产业，提升城市竞争力

2020 年，《工业和信息化部办公厅关于深入推进移动物联网全面发展的通知》提出，加快移动物联网网络建设、加强移动物联网标准和技术研究、提升移动物联网应用广度和深度、构建高质量产业发展体系、建立健全移动物联网安全保障体系等五项任务。[①]这有利于推动移动互联网产业全面、健康、快速发展。物联网产业是杭州市重点发展的十大产业之一，应充分利用好国家政策机遇，进一步采取有力举措，部署应用示范项目，集聚用好创新要素，发挥龙头企业作用，强化商业模式创新，鼓励多元投资，加强政策扶持，把杭州打造成为融技术研发、设计、生产、制造、产业化应用于一体的国内领先的物联网产业强市。本章以杭州市为对象，分析杭州市物联网产业发展现状和存在的问题，借鉴国内领先城市发展物联网产业的做法和经验，提出进一步做大做强物联网产业以提升杭州城市竞争力的对策。

一、杭州市物联网产业发展现状与存在的问题

物联网龙头企业和中小微企业各具特色。杭州是国内物联网起步较早、产业基础较为扎实、技术研究实力较强的城市。杭州积极推进物联网公共服务平台建设和产业园区建设，据 2018 年 4 月 19 日《杭州日报》报道，2017 年杭州市物联网产业规上企业主营业务收入 1416.1 亿元，增长 28.8%，增速同比提升 5.3 个百分点。其中，海康威视、大华科技、中瑞思创、利尔达等成为国内乃至全球领先的龙

---

① 工业和信息化部办公厅. 2020. 工业和信息化部办公厅关于深入推进移动物联网全面发展的通知. http://www.gov.cn/zhengce/zhengceku/2020-05/08/content_5509672.htm，2020-04-30.

头企业。

产业链部分领域已形成一定领先优势。在关键技术研发方面,杭州在 RFID、无线传感器网络、系统集成技术攻关和标准化研究等领域具备一定主导权,多家企业掌握核心自主知识产权,并主持和参与多项国际国内标准的制定,处于国内领先水平。在商业化应用开发方面,运用于安防监控、智能电网、智能交通、数字医疗、节能降耗、环境监测等领域的多项产品在国内具有较强的市场竞争力。杭州海康威视数字技术股份有限公司连年入选"中国安防十大品牌"。聚光科技(杭州)股份有限公司已成为世界领先的环境与安全监测分析仪器生产商和系统解决方案供应商。

物联网产业虽然获得了一定的发展,但是仍面临着不少困难与问题。国内外物联网产业总体仍处于产业初创期,在发展过程中,杭州市也面临着不少困难与问题。比如,存在着关键芯片与部件等产业链上游产品依赖进口、企业间协作组织化程度不高、缺乏规模效应、市场应用和推广尚缺乏成熟的商业模式、应用成本相对较高等问题。由于物联网产品与服务的营利模式不明晰,市场驱动机制尚未形成,前几年物联网发展主要靠政府驱动,以政府投资为主,企业尚缺乏投资的积极性。

二、国内领先城市发展物联网产业的做法与经验

无锡合力推进国家传感网创新示范区建设。无锡围绕国家传感网创新示范区,全力打造国家级物联网产业先行先试示范区,集聚了包括中电海康无锡物联网基地、闻泰科技 5G 基地等企业。中国经济信息社发布的《2018—2019 中国物联网发展年度报告》显示,2019 年物联网产业产值突破 1800 亿元,约占到江苏全省的 1/2、全国的 1/6。产业涵盖工业、电力、物流、环保、医疗等领域,无锡物联网产业链已经基本建成。无锡市政府还与财政部、环境保护部、国家卫生和计划生

育委员会、国家质检总局、中华全国供销合作总社和中国科学院的相关部门与单位举行了签约仪式，合力推进示范区的建设和物联网在各相关行业的应用。为发展物联网产业，无锡已编制了《无锡市物联网产业发展规划纲要》《无锡市物联网与云计算产业资金管理办法》《关于更大力度实施无锡物联网应用示范工程建设三年行动计划》等系列政策文件。

重庆大力引进高端要素发展物联网产业。重庆物联网产业从无到有，走在国内前列，只用了短短几年时间。重庆在南岸区建立了国家物联网产业示范基地，截止到 2012 年，其吸引了北大方正、北京千方、中感科技、讯美电子等约 20 家知名企业物联网项目相继落户，还与中国移动通信集团合作成立中移物联网有限公司，打造中国移动物联网基地。重庆还计划吸引 100~200 家国际国内高水平的研发和制造企业入驻，发展城市物联网、企业物联网、家庭物联网、个人物联网及农村物联网等五大类项目建设，建成集网络运营、技术研发、产品制造于一体，国内领先的物联网产业示范基地。车联网是重庆市物联网产业发展的一个突破口。

宁波以应用需求带动物联网产业发展。宁波市结合智慧城市建设，加快物联网应用示范，并以此引领产业发展。此外，宁波还有 30 多家系统集成企业从事物联网中间件、应用软件、应用系统集成等领域的研发。另外，宁波已涌现出一批本土物联网企业，吸引了中国科学院计算技术研究所、大唐移动、华为等一批研究型机构落户，并在手机支付、智能家居、手机挂号等领域率先取得突破。

温州应用物联网提升改造传统产业。温州市发展物联网的路径是充分利用传统产业优势，大力推动物联网技术在传统产业中的应用，使其成为改造提升传统产业、提高工业信息化水平的重要手段。

乐清市在传统仪器仪表产品中应用物联网技术，将传感、监测、定位、识别等技术并嵌入传统产品，使"传统制造"升级为

"智慧制造"。

三、进一步做大做强物联网产业，提升杭州城市竞争力

部署应用示范项目以需促用、以用促产。按照国家将在工业、农业、节能环保、商贸流通、交通能源、公共安全、社会事业、城市管理、安全生产等领域开展物联网应用示范，部分领域将实施规模化推广的整体规划，杭州市应加快物联网在智慧城市建设中的应用，加大实施智慧交通、智慧物流、智慧医疗等物联网应用的示范推广力度，积极创造条件，争取有更多的国家物联网应用示范工程落户杭州。进一步部署一批物联网应用示范项目，在工业领域，以流程工业和装备工业为重点，确定一批面向生产过程、供应链管理和节能减排的若干个物联网应用示范项目，推动杭州机械、纺织服装、医药、食品等重点传统产业的生产制造与经营管理向智能化、精细化、网络化转变，提升生产和经营效率；在流通领域，争取实施国家快递物流可信服务物联网应用示范工程，同时试点开展以城市共同配送为重点的物联网示范应用项目，提高杭州流通领域的智能化管理水平；在城市管理领域，面向城市基础设施和管网的一体化管控需求，杭州市实施城市基础设施管理物联网应用示范工程，提高城市运行和管理水平；在公共安全领域，实施重点食品质量安全追溯物联网应用示范项目，建立健全肉类、家禽、蔬菜等重要商品追溯体系，逐步扩大监管食品品种和应用范围。

集聚用好创新要素，占据产业制高点。加大力度引进国内外物联网高端创新要素，同时充分利用和整合现有创新资源，培育发展一批物联网技术研发和产品设备制造优势企业与研发机构。积极发挥中国电子科技集团公司第三十六研究所杭州分部、中国科学院杭州射频识别技术研发中心、浙江香港科大先进制造研究所等一批物联网技术研发实验室、工程中心、企业技术中心的作用，促进应用单位与相关技

术、产品和服务提供商的合作。2013年,国家提出要优先支持应用急需行业标准,推进公安、环保、交通、农业和林业5个重点应用领域的标准化工作,新成立5个物联网应用标准工作组,研制40项急需的应用标准。杭州应发挥先进传感器、无线传感器网络及智能终端设备制造等方面的优势,积极鼓励和扶持有条件的企业、科研院所积极参与国家物联网标准的制定。此外,杭州还要依托已有基础,建设公共服务平台,着力解决检测认证和标识管理等问题。

发挥龙头企业作用,构建完善产业链。发挥海康威视、聚光科技等大企业的龙头带动作用,鼓励物联网技术研发、关键设备生产、系统集成、网络运营和信息增值服务等企业开展兼并重组,争取国家行动计划的支持,形成一批实力雄厚、品牌价值高的物联网大企业集团,并带动、集聚一批业务关联企业,完善产业链。不断推进创新型企业与大企业、研究机构开展形式多样的战略合作,培育一批物联网产业"小巨人",提升杭州市物联网产业协同配套能力。建立物联网产业技术创新战略联盟,发挥产业链上下游企业的产业化推进主体作用、科研院所的技术创新源头作用、应用部门的市场牵引作用,以及网络运营商的网络支撑作用,提升物联网项目系统集成能力。以滨江和仓前物联网产业园为载体,积极打造产业集聚高地。

强化商业模式创新,推动产业融合发展。杭州在互联网经济特别是电子商务发展中取得了商业模式创新的成功经验,应借鉴互联网经济的成熟商业模式,总结物联网商业模式的创新发展思路并制订相应的应用推广方案。进一步鼓励物联网骨干企业由产品制造向提供综合运营服务的模式转变,建立产业链上下游多方协作、互利共赢的新型商业模式。加速物联网在传统产业中的融合应用,加强物联网技术在传感器、仪器仪表、通信网络设备、高低压电器等装备制造产业中的应用,提高杭州装备制造产品的附加值和竞争力。重视发展物联网服务业,加强物联网服务模式创新,增强物联网产品与服务的可持续性。推动物联网与移动互联网、云计算、大数据等新兴业态的融合发展，不断拓展基于物联网数据信息的增值服务，探索发展新的物联网专业服务。开展好微型物联网式制造工厂试点工作，对装备制造企业运用物联网、云计算和自动化控制等技术对机器设备和生产流程等进行自动化、网络化和智能化改造，形成"自动化生产线+工业机器人+专用网络"的微型物联网示范企业。

鼓励多元投资，提升市场驱动力。鼓励设立物联网股权投资基金，支持社会资金参与物联网基础设施项目建设，实现市场资源的优化配置。发挥杭州市创业投资引导基金的作用，对接国家扶持政策，与社会风投资本合资设立一批面向物联网领域的创业投资基金，重点支持具有市场前景并掌握关键技术的物联网中小企业。建立完善的"政府买服务、企业做运营"的物联网项目投资运营机制，凡是社会能办好的，鼓励由社会资本投资建设，改变单纯由政府投资建设的格局。探索建立引入服务外包机制，制定政府购买服务指导性目录，鼓励社会资本设立专业运营公司或以参股的方式承接项目管理外包和系统运维外包，通过委托、承包、采购、租赁等方式购买政府服务。

加强政策扶持，优化产业发展环境。加强协同攻关，支持企业和科研院所、高校强强联合，努力争取国家重大科技专项、国家战略性新兴产业发展专项、物联网发展专项等中央财政支持项目，突破产业发展瓶颈。强化统筹协调机制，发挥好杭州市物联网产业发展专项资金的作用，通过招投标、竞争性评选等形式扶持重大创新项目。建议政府投资的公共建设项目要尽可能应用物联网相关技术和产品，并给予一定的资金补助。加强对物联网建设项目的投资效益分析和风险评估。用好财税扶持政策，支持符合现行软件和集成电路税收优惠政策条件的物联网企业按规定享受相关税收优惠政策，经认定为高新技术企业的物联网企业按规定享受相关所得税优惠政策。围绕物联网企业共性需求，建设完善的人才引进培养和投融资等公共服务平台。

第13章 用区块链做好疫情网络舆情风险防范

舆情是社会的"晴雨表"和"风向标"。2020年3月1日实施的《网络信息内容生态治理规定》提出，以建立健全网络综合治理体系、营造清朗的网络空间、建设良好的网络生态为目标，这为加强网络舆情治理提供了制度保障。习近平总书记在主持中共中央政治局第十八次集体学习时强调，提高运用和管理区块链技术能力，使区块链技术在建设网络强国、发展数字经济、助力经济社会发展等方面发挥更大作用。本章以浙江省为研究对象，针对疫情期间网络舆情风险防范存在的问题，提出用大数据和区块链做好疫情网络舆情风险防范的建议。

一、疫情期间网络舆情风险防范存在的问题

1. 谣言破坏力大，政府惩戒力度小

国脉智库发布的《浙江省疫情防控数据综合分析报告》不完全统计，2020年1月20日至2月10日浙江省证实且公开的疫情谣言共计逾615条，其中杭州市、温州市、湖州市、衢州市、丽水市公布疫情谣言均超过70条。1月31日至3月8日，浙江省"捉谣记日历"共计辟谣230条谣言，重灾区分别是：造谣某物品有防疫效果的有41例；造谣某地出现新增病例或潜在风险的有38例，几乎覆盖11个地级市；造谣政府政策、执法行为的有34例，包括捏造省教育厅、经信厅，乃至国务院、商务部的通知等。这些谣言严重误导了民众，制造了大面积的民众恐慌，造成了不可估量的负面后果。当前现有的舆情监管系统无法溯源跟踪传播途径，且无法鉴定信息的真实性，难以精准追责问责。网络谣言的制裁和处罚体系尚不健全甚至形同虚设，仅对

少数可追踪的造谣者进行拘留等处罚，很多造谣者以撤回原文或发布一则声明致歉就免于处罚，威慑作用十分有限，治理实效性和力度明显不足。

2. 负面舆情传播速度快，辟谣速度慢

此次疫情谣言以网络谣言为主，传播模式是人手一机的"自媒体"，网络谣言传播速度快、规模大、影响深、危害严重。比如，2020年1月31日深夜关于"双黄连口服液可抑制新冠病毒"消息一经传出，几分钟内各大线上药店双黄连口服液均被订购断货，线下更有无数人连夜在药店门口排队疯抢，2月1日早上《人民日报》微博发布辟谣信息时，双黄连口服液已在全国范围内断货。相较于过往热点事件，此次疫情谣言破除速度有了明显提升，多数谣言的存活时间只有1天左右，但因传谣速度变快，导致谣言覆盖面变广，每个人接触谣言的数量大大增加。政府辟谣速度远不及造谣传谣速度，"造谣一张嘴、辟谣跑断腿"的现象普遍存在。

3. 部分网民鉴别能力差，政府应急处置机制不完善

疫情发生以来，浙江省公安部门已严厉打击了多起恶意编造疫情谣言的不法行为，起到了很好的威慑作用。但网民的鉴别能力较差，导致类似"谈恋爱防疫""下雪会传染"等荒唐谣言有了滋生的土壤；部分媒体追求流量和营利，热衷于迎合圈层需求打造爆款，造成真相被掩盖；部分"大V"把网络空间变成谩骂、攻讦的平台。这些乱象都为谣言传播起到了推波助澜的作用。当前，浙江省各级政府在舆情的应急处置机制构建方面尚不完善，如何保障高效精准采集信息，防范瞒报错报，及时全面向社会发布真实权威信息，成为亟待改善的问题。各级政府还需进一步拓宽与公众沟通的渠道，建立权威快速的信息传播绿色通道，发挥国家治理体系的优势，提升舆情治理能力，达

到正向引导舆论的目标。

二、相关经验借鉴

1. 国外区块链媒体经验借鉴

2018年以来，区块链媒体初创项目在全球不断涌现。美国Steemit通过区块链技术建立了"去中心化"的打赏机制，利用信息传播不可逆等特点，建立信息发布和传播追踪机制，鼓励成员共同审核信息的真实性。美国公民与移民事务局官网给平台上的每一个新闻机构建立一个专门储存信息的数据区块，每个机构创造的价值都用加密的方式实时记录在区块链上。美国Po.et公司帮助媒体建立关于信息真实性的验证机制，并对发布谣言行为进行问责，一旦内容生产者被认定有抄袭、剽窃等行为，"污点"将被永久记录在区块链上，对全体成员可见，成员还可通过阅览个体的行为记录来判断与其合作的可靠性，建立一个集内容发布、授权和认证为一体的新型数字平台，在内容生产者、媒体机构和受众之间创建良性的传播生态。波兰初创企业Userfeeds依靠区块链技术，创造了一个公开透明、能被公众审查的新闻内容平台，平台发表的任何内容都必须打包一个数据区块，记录该新闻内容的作者信息、评估证明凭证、标签等，以便于对新闻内容真实性的核查；新闻内容最终在Userfeeds上呈现出来的排名由"评估证明"（proof-of-evaluation）的共识过程决定。

2. 国内区块链媒体经验借鉴

"北京云·融媒体"市级平台与中宣部、人民网、北方版权交易中心、中国报业协会、国家监管机构、仲裁机构、公证机构、互联网法院等权威机构组成的新闻版权联盟链，对包含电子报刊、网站、微博、微信及各类主要新闻客户端在内的50多万家互联网媒体平台数据进行实时采集及人工智能判断，与各区融媒体中心在宣传指挥调度、舆情分析、媒体监测和内容共享等方面实现对接，实现原创确权、版权存证、侵权监测、维权跟踪、一键取证、一键诉讼、侵权曝光等主要功能。2020年2月5日，链飞科技正式推出全国首个区块链疫情监测平台，实时追踪全国各省份疫情发展情况，对相关数据进行上链登记，实现数据不可篡改、可追溯，并初步建立透明化监督、事件追责的数据链条，保证疫情信息公开透明。其数据综合国家卫生健康委员会、各省卫生健康委员会以及权威媒体报道，统计国内外确诊病例数、疑似病例数、治愈人数、死亡人数等疫情数据，客观地、完整地还原疫情发展现状，为科学防疫提供精准的数据支持。

三、用区块链做好网络舆情引导的对策和建议

（1）搭建联盟链，推进多方上链。一是建议建立包括政府舆情管理部门、监管机构、司法机构、权威媒体、版权中心、仲裁机构、公证机构、专家和个人意见领袖在内的联盟链，推动媒体和个人通过应用程序编程接口（application programming interface，API）上链，确保信息发布时API会将元数据立即发送给联盟链，在区块中形成专属的电子存证，实现版权保护。二是随着应用场景的日趋广泛，逐步构建公有链和联盟链融合的架构模式，将信息写入等功能放在底层公有链上向大众开放，将审查过滤功能、政府监管功能设置在上层联盟链上，通过跨链技术进行必要的信息交换，将公有链信息共享到联盟链中。三是推进多主体合作共享，实现政企联动、协同创新，共同促进网络舆情的有序监督和健康发展。

（2）完善监管体系，规范舆情传播。一是依托区块链降低监管成本，建立跨地区、跨层级、跨部门的监管体系，打通不同行政级别、地域监管机构间的信息壁垒，共享数据，有效解决信息造假、逃避监管等问题。二是通过大数据技术采集舆情元数据，形成电子存证，保存在区块中，大数据跟踪监测抓取传播记录数据，实现舆情传播的全

链条电子存证。根据电子存证鉴定和监管舆情内容，并对疑似涉嫌违法的电子存证进行司法核验，对核验违法的行为依法进行处罚，对过热的舆情进行熔断干预。三是制定全面的区块链应用标准、监管指南、审计标准等政策措施，建立对区块链用户的连带责任监管体系，规范舆情传播。

（3）健全信用体系，优化舆情生态。一是基于区块链的不可篡改、可追溯、公开透明的特性，对舆情发布方进行信用评价，并作为公信力的重要内容予以公开披露，提升违规成本。根据信用评价结果设置信用白名单和黑名单，形成淘汰机制。二是以《网络信息内容生态治理规定》明确的网络信息内容生产者禁止触碰的十条红线为参考，对国家政治问题、国家安全、意识形态、军事机密等关键问题设置舆情传播红线，一旦大数据监测到在这些领域上出现潜在的重大风险舆情，就紧急启动应急措施予以熔断干预，第一时间取缔相关账户，永久列入黑名单，并对相关机构和个人进行处罚。三是利用区块链技术对舆情内容进行全生命周期追溯、查验，实现舆情的追溯问责，加大违法行为的惩罚力度，重构清朗诚信的网络舆情生态。

第 14 章　用区块链和大数据健全重大突发事件舆情治理体系

重大突发事件舆情治理体系涵盖社会安全、网络安全、意识形态安全、政治安全，具有极强的综合性。疫情防控中各种舆情热点不断滋生发酵，引发各类乱象，严重破坏了社会的和谐稳定。新形势下，要转变重大突发事件舆情治理范式，预先防范和化解重大社会风险。本章将重点分析当前重大突发事件舆情治理存在的问题，提出用区块链和大数据健全重大突发事件舆情治理体系的建议。

一、重大突发事件舆情治理存在的问题

（1）舆情传播体系监测难、溯源难、追责难。一是监测难。当前通过全媒体、全通道的"微传播"和"病毒式传播"，舆情能迅速传播达"亿"次级，范围广、速度快、信息量大。相关研究认为，虚假新闻在新媒体上的传播速度是真实新闻的 6 倍，被分享的概率比真实新闻高 70%[①]，大大增加了监测难度。二是溯源难。我国现有的舆情监管系统、技术监控流程还有待完善，尚无法很好做到对信息来源真实性进行溯源跟踪，导致侵权、抄袭、篡改现象仍司空见惯，数字版权确权难、维权难、防范难、解决难的现象没有得到根本解决。三是追责难。当前网络水军、网络公关、网络谣言、虚假信息等充斥网络，民意被污染、被操控。自疫情发生以来，浙江网信办打响"清朗侠在行动"网络保卫战，截至 2020 年 3 月份累计依法约谈处置网站平台及自

---

① 美学者研究发现假新闻在社交媒体上传播速度极快. http://sscp.cssn.cn/xkpd/xszx/gj/201803/t20180319_3879439.html，2018-03-19.

媒体账号 240 余个，关闭关停违法违规网站 10 家，注销 56 家问题网站 ICP 备案，下架相关违法违规 APP 6 批次共 43 款。①但追责处罚体系尚不健全，仅对少数可追踪的进行处罚，处罚手段以教育训诫为主。与造成的恶劣影响相比，追责力度较小。

（2）舆情监管体系权责不清、协同不畅、机制不健全。一是权责不清。近年来，地方政府纷纷建立以网络安全、网络内容监管为主要目标的管理部门，联合地方公安机关、地方宣传部门开展多头管理，共同主导网络舆情治理工作。但职能部门之间分工不明、责任不清、衔接不畅，存在"九龙治水"、重复管理、"管理真空"等现象。二是协同不畅。各部门还未建立相对完善、统一规范的网络舆情回应管理制度和监督问责机制，治理主体协同不足，上下指挥和横向分工的条块分割结构，在舆情回应中经常表现得无所适从、行动迟缓等；数据分散、数据垄断、数据壁垒现象依然较为严重，共享难、协同难的问题依然存在。三是机制不健全。治理机制供给严重不足，缺乏领导机制和信息沟通共享机制，使得面对突发情况时集体失声。缺乏全面有效的信息发布机制，无法有效回应大众质疑，使政府容易陷入"塔西佗陷阱"，削弱权威渠道公信力；王国华等（2014）认为，党政官员在意见领袖人气榜中所占比重基本为 1%，在影响力榜中所占比重基本为 0。

（3）舆情引导体系应急响应慢、观念转变慢、建章立制慢。一是应急响应慢。当前舆情扩散力强、速度快，如"双黄连口服液可抑制新冠病毒"消息一经传出，几分钟内各大线上药店双黄连口服液均被订购断货，线下无数人连夜在药店门口排队疯抢；2020 年 2 月 1 日早上《人民日报》微博发布辟谣信息时，双黄连口服液已在全国范围内断货。传统的危机反应和决策时间的"黄金 4 小时"，已缩短至"钻石

---

① 浙江打响"清朗侠在行动"战役织密抗击疫情生态治理网. http://www.cac.gov.cn/2020-03/30/c_1587116320391779. Htm, 2020-03-30.

1小时"，倒逼政府大幅度提高应急响应速度。二是观念转变慢。某些部门官本位、懒政等思想依然严重，坚持以政绩为导向的维稳观，用"公式化话语体系"和"懒政式行为做派"回应公众关心的舆情事件，"不走心""怕、拖、躲、瞒、堵、删"等现象时有发生。三是建章立制慢。当前新媒体业态更新速度快，微博、微信、直播、B站、短视频等快速崛起，抖音用户3年时间日活跃用户从0增长到超3.2亿，与之相比，治理制度出台速度远远跟不上业态更新速度，滞后和失位现象较为严重。

二、用区块链健全重大突发事件舆情治理体系

1. 健全信用体系，优化舆情生态

一是建立信用度评价体系。基于区块链的不可篡改、可追溯、公开透明的特性，可以根据监管机构的监管记录，对舆情发布方进行信用评价，提升违规成本。根据《网络信息内容生态治理规定》相关规定，综合舆情风险度和监管记录，定期对舆情发布方和传播方的信用度进行打分，信用数据上链并定期在权威媒体上进行公开披露，作为媒体平台公信力的重要标准。设置白名单和黑名单，对信用较好的舆情发布方和传播方，可以列入白名单，给予一定的许可和权限；对信用较差的列入黑名单；对违反《网络信息内容生态治理规定》相关规定的，通过智能合约等技术手段关闭停用，进行处罚并责令整改。二是设置舆情传播红线。以《网络信息内容生态治理规定》明确了网络信息内容生产者禁止触碰的十条红线为参考，对国家政治问题、国家安全、意识形态、军事机密等关键问题设置舆情传播红线，一旦大数据监测到在这些领域上出现潜在的重大风险舆情，即视为触犯红线，将紧急启动应急措施予以熔断干预，第一时间取缔相关账户，永久列入黑名单，并对相关机构和个人进行处罚。三是优化舆情生态。利用区块链技术进行舆情内容的全生命周期追溯、查验，实现舆情的全链

监控，建立去中心化的、可信的、可追溯的舆情传播机制，重构清朗诚信的网络舆情生态。

2. 完善监管体系，规范舆情传播

一是优化监管体系。依托区块链降低监管成本，打通不同行业、地域监管机构间的信息壁垒，建立跨地区、跨层级、跨部门的监管体系，通过区块链技术实现机构之间的数据共享，有效解决信息造假、逃避监管等问题。制定全面的区块链应用标准、监管指南、审计标准等政策措施，建立对区块链用户的连带责任监管体系，利用大数据和人工智能等技术加强信息传播的监管。二是完善舆情存证。建立基于区块链技术的电子存证系统，媒体或个人将元数据上传进行确权存证，或通过大数据技术采集元数据形成电子存证，并保存在区块中。依据上链信息极难篡改的特性，解决舆情信息传播过程中易删除易篡改的问题，完善舆情存证系统。三是实现全链条监管。监管部门在联盟链内设一个监管节点，具有查看到账本上的全部数据的权限，利用区块链提供的数据跟踪功能，大数据跟踪监测抓取传播记录数据，实现舆情传播的全链条电子存证。鉴定机构依据区块链的电子存证，进行舆情内容的鉴定和监管，并对必要的电子存证进行司法核验，存在违法行为的依法进行处罚，对过热的舆情进行熔断干预，全力规范舆情的合法传播。

3. 搭建协同体系，推进合作共享

一是搭建多主体的联盟链。联盟链是若干机构共同参与记账的区块链，联盟成员之间通过对多中心的互信来达成共识，是"部分去中心"或者是"多中心"的区块链。和公有链相比，联盟链精简了节点数，运行效率更高、成本更低、隐私保护更有优势，可以在去中心化与监管之间达到平衡，更容易在现实场景中落地。建议建立包括政府舆情管理部门、监管机构、司法机构、权威媒体机构、版权中心、仲裁机构、公证机构、专家和个人意见领袖在内的联盟链，形成多主体合作共享机制，实现政企联动、协同创新，打造开放共享的区块链生态圈。二是为媒体和个人提供 API，推动媒体和个人通过 API 上链，确保信息发布时 API 会将元数据快照立即发送给联盟链，在联盟链中形成专属的电子存证，用户点击即可查看文章的原始信息和元数据，实现版权保护，促进数据共享。三是随着应用场景日趋广泛，逐步构建公有链和联盟链融合的架构模式，将信息写入等功能放在底层公有链上向大众开放，将审查过滤功能、监管仲裁功能设置在上层联盟链上，通过跨链技术将公有链信息共享到联盟链中，形成复合式多层级的舆情生态圈。政府监督机构建立监督机制，对舆情的生产和传播进行监督，并将监督预警信息共享至执法部门，以保障网络舆情的实时监管和有序传播。

三、用区块链和大数据提高网络舆情治理能力

1. 实现科学研判，提高舆情治理精度

一是提高数据研判能力。将传统的基于内容的舆情分析，转变为基于数据的舆情分析，依据舆情的内容、发生时间、交易流程、出处证明等详细的区块链数据记录，分析个体或机构活动规律、真实态度、信息真伪。区块链蕴藏的大数据可信度高、价值密度高、易于结构化，充分开发后能大幅度提高数据的研判能力。二是进行精准传播和精准引导。结合智能推荐算法和深度学习算法，分析区块链数据，对用户行为进行"精准画像"，根据"画像"为不同用户群体提供差异化传播路径和针对性的内容，真正提升内容推送的精准度。同时，利用区块链集成的经济、文化、社会、生态等方面的基础信息，通过大数据深度挖掘和交互分析，能将看似无关联的事件有序关联起来，提升实时监测、动态分析、精准预警、精准引导的能力。三是实现高效

辟谣。我国现有的舆情监管系统，在信源真实性的溯源跟踪方面较为乏力，大部分情况下只能在谣言传播之后由权威部门辟谣，无法让群众对信息真实性自行进行及时有效的验证。依靠区块链技术，可以将谣言发生过程、涉及人员、涉事单位等相关方全面展示出来，披露传播各环节的真实信息，快速高效地向社会大众辟谣。

2. 构建大数据库，夯实舆情治理基础

一是构建舆情内容大数据库。利用区块链，将舆情生产、发布和传播的每一个环节的作者、评估证明凭证、类别、标签、修改记录等信息，同时存储在区块链的所有节点上。以区块链的共识机制保证数据的安全、中立和不被篡改，从而形成海量、共享、可信度高的舆情内容大数据库，实现舆情的实时监管和智能化管理。二是构建电子存证大数据库。利用区块链和大数据技术对侵权行为进行自动抓取和元数据识别，由司法鉴定中心予以确认，打包上传到区块链中，形成电子存证大数据库，解决电子数据取证难、示证难、认证难、存证难等问题，实现对原创著作权的保护。三是构建价值评价大数据库。利用区块链和大数据技术，对同一篇文章、同一段视频或同一则广告的观看数量、停留时间、流量进行精确计算，形成价值评价大数据库，提高舆情价值评价的公平性和可信度，防止"虚假内容""虚高流量"赚取眼球和利润。

3. 创新业务模式，提升舆情治理效率

一是重构业务流程，提高生产能力。利用区块链技术重构业务流程，变传统的线索引导型内容生产模式为众筹驱动型内容生产模式，变单向采编为协同生产，形成专家、专业从业者、用户共同创作，内容生产更丰富、内容传播更精准的舆情平台。二是降低各环节成本，提高传播效率。在区块链上进行舆情线索协同记录、线索共享和实时业务沟通，形成全程透明的流水线工作协同，降低线索搜寻成本和采编成本；按照各方设定好的交易合同、智能合约自动进行费用支付、转让等操作，以简化交易环节、降低交易成本、提高传播效率；以区块链建立跨地区、跨层级、跨部门的监管体系，帮助监管部门消除障碍，监测舆情从生产到传播的全流程信息，降低监督执法成本。三是提高造假成本，确保生产质量。利用区块链的开放式公众审核和来源追溯功能，提高生产垃圾信息、传播虚假舆情、侵权等行为的成本，解决媒体产品"真"与"信"的问题，确保舆情的高质量、高可信度。

四、用区块链和大数据加强网络舆情风险防控

1. 加强协同监测，构建舆情的全景"画像"

一是加大数据整合力度。建立政府、监管机构、媒体、平台四方面军互相交叉、紧密联系的主体协同机制，在区块链的基础上加强大数据整合，横向打通割裂储存于各部门的数据库，纵向整合政府、媒体、平台三大数据库，深度挖掘数据关联。二是舆情协同监测。使用大数据相关的自然语言处理、信息采集挖掘等技术，对区块链上的新闻网站、国内门户网站、国际主流网站、博客、微信、时事论坛、BBS 论坛等进行舆情的多维度动态监测，综合展现话语圈层、地点定位、时间节点等信息，实现舆情的动态、全程、多角度的协同监测。三是舆情全景"画像"。使用自然语言处理、舆情采集与特征提取、语义挖掘以及文本倾向分析等方法，实现对舆情的有效甄别和持续跟踪，对热点事件、突发事件重点关注，对敏感内容持续跟踪，形成热点、突发、敏感事件舆情的全景式"画像"。

2. 进行智能研判，实行舆情的分级预警

一是构建先验信息库。对收集到的历史重大和突发事件舆情信息

进行内容分析和数值分析,将分析结果存入区块链上网络舆情的内容分析模块和数值分析模块,形成重大和突发事件网络舆情的先验信息库。二是智能分析研判。使用相关大数据模型进行话题建模,根据舆情关键词库和舆情指标体系,进行大数据文本细粒度挖掘和指标自动采集,对照先验信息库的舆情事件分析模板,进行大数据智能分析和研判,及时发现重大和突发舆情,并识别潜在风险。三是进行分级预警。对比重大和突发事件舆情历史数据库,分析预测舆情发展趋势并进行预测,将舆情事件的核心指标与数据库案例进行匹配,利用可视化技术呈现舆情事件的相关属性值,通过数据匹配确定舆情风险等级,对舆情事件的事态发展做量化推演,确定潜在舆情风险的发展方向,有针对性地制订舆情分级预警方案。

3. 实施分类疏导,做好舆情的跟踪反馈

一是建立快速响应机制。建立数据端(即网站、APP、媒体、平台等)、分析端(即案例库、监测机构、大数据分析中心)、预警端(即舆情管理部门、监管机构、权威媒体等)、决策端(政府、监管机构、决策咨询专家)、执行端(相关工作人员、意见领袖、媒体、网络安全员等)一体化快速响应机制,根据大数据智能研判结果迅速做出决策。二是实施分类疏导。基于区块链和大数据深度挖掘,根据舆情生命周期,建立多主体共同参与的多元治理体系,抢占舆论先机,集中优势资源对舆情进行分类疏导治理。三是做好跟踪评估。将疏导结果及时反馈到数据库,充实基础数据和案例模板,通过智能学习不断优化和改进网络舆情治理方案。利用区块链对事件进行跟踪溯源,彻底调查并还原事件真相,追究相关主体责任,消除潜在隐患,实现舆情防控能力的持续提升。

第 15 章　国内外人工智能产业发展模式

人工智能是新一轮科技和产业变革的核心驱动力,是各国政府和产业巨头努力争夺的科技高地。我国发布了《新一代人工智能发展规划》,人工智能发展已上升为国家战略。习近平总书记在十九大报告中指出,加快建设制造强国,加快发展先进制造业,推动互联网、大数据、人工智能和实体经济深度融合。当前全球人工智能企业集聚度较高的城市包括旧金山、纽约、洛杉矶、波士顿、伦敦、巴黎、多伦多、特拉维夫和北京、上海、深圳等。国内外人工智能产业领先城市在发展模式和做法上,有很多值得我们学习借鉴的经验启示。本章将重点分析国内外领先城市人工智能产业发展的主要模式,并以杭州为研究对象,分析杭州人工智能产业发展的不足,总结经验,并提出发展建议。

一、国内外领先城市人工智能产业发展的主要模式

1. 美国旧金山湾区协同创新模式

美国旧金山湾区是人工智能比较发达的地区,湾区的硅谷、圣荷西等地聚集了大批人工智能企业。2000~2016 年,美国超过 1/3 的人工智能企业诞生于此,其融资规模占美国人工智能融资规模总额的 45%以上。硅谷之所以能成为全球创新圣地,建立的"硅谷-斯坦福"协同创新模式是其中的重要原因。斯坦福大学以创新和创业为导向,源源不断地为硅谷创业界输送优秀人才和科研成果,谷歌、雅虎、思科等顶尖企业创始人均来自这所大学,硅谷企业也通过捐赠等方式反哺斯坦福大学,形成了一整套成熟、完备、闭合的协同创新模式。

旧金山湾区对人工智能产业的发展给予了一系列的政策扶持。首先提供好的创业环境。湾区圣何塞、费利蒙等地以租金较低的土地和办公场地吸引人工智能创业企业，并提供测试基地和设备。当产品获得大订单后，新建厂房设施进行产品量化生产，并给予税收优惠。其次提供全方位的政府支持。在硅谷的圣何塞、费利蒙等地投资，可以获得政府支持的政策就有 17 项，涉及税收优惠、牌照费用减免、免费办公场地服务等方面。再次提供高品质生活。湾区费利蒙等地用高品质生活吸引了大批年轻科技人才，为科技人才减免工资税，降低生活成本，提供优质学区、便捷交通以及休闲舒适的生活环境。最后打造人工智能产业交流中心。每年圣荷西等地都会举办大量的具有国际知名度的人工智能交流会，发布大量的人工智能新产品，举行高水平的人工智能论坛，这吸引了全球人工智能人才前往交流学习。

2. 英国伦敦科研项目创业带动模式

《乌镇指数：全球人工智能发展报告（2016）》数据显示，英国伦敦的人工智能企业数量占全球的 3.69%，居欧洲之最，培育了大量重要的人工智能初创企业。其发展主要依靠的是科研项目创业带动模式，即人工智能公司在创立之前，最初都是高校的研究项目，取得科研成果后，获得科技巨头或风险资本的投资，进而快速发展。

英国的主要扶持政策包括以下几个方面。一是加强数据共享，推动拥有数据的机构和寻找数据来发展人工智能的机构之间的合作和共享。二是重视人才培养。企业资助学生在人工智能领域攻读硕士学位，在领先的大学设立专门的博士学位名额，并在量上持续增长，设立项目奖学金以寻找并吸引最优秀的人才。三是加速技术转化。政府主导降低合作壁垒，打通学术界与企业界的合作之路，推动人工智能行业的发展，鼓励大学机构和科研团队与企业进行产学研对接，通过技术转让公司孵化人工智能初创企业。四是政府大力支持产业发展。

政府与行业专家共同成立英国人工智能委员会，以共同推动人工智能产业的发展。英国还通过设立产业战略挑战基金和制订小型企业研究计划等，来支持人工智能的发展。

3. 以色列特拉维夫技术合作创新模式

以色列是全球著名的创新中心，创业公司密度为全球第一。受限于人口稀少、国土资源稀缺、与周边国家复杂的关系等因素，以色列专注于小而精的技术创新，在细分领域做到极致，特拉维夫被称为世界上第二个"硅谷"。但与硅谷的创新体系不一样，特拉维夫的公司将创新目光置于全球，而硅谷的创新视野主要面向美国国内。以色列通过与国际科技巨头进行技术合作，培养了大批技术居于世界先进水平的人工智能企业。另外三星全球创新中心成立特拉维夫分部，其工作重点就是进行人工智能、网络安全、增强/虚拟现实研发。

以色列人工智能获得快速发展，主要由于以下原因。一是浓厚的创业氛围，以色列自上而下对创新都非常认同，形成了全民性的创新制度。二是以色列政府主导风投基金和孵化器建设。以色列政府推出著名的 YOZMA 的计划。以色列政府牵头成立 YOZMA 母基金，投资 10 只私人风险投资基金，本地的机构进行管理，但应由一家知名的国外风险投资机构和一个国内的金融机构组成，每年会在全国甄选出来 20 个孵化器机构，并对 100 个项目进行投资，YOZMA 计划迅速刺激了以色列风投产业的发展，也刺激了以色列中小产业的崛起。三是具有军事特色的人才培养机制，由军队和大学合作每年从全国高中生中选拔顶尖的 2%的学生，进行 4 年的科技训练和军事技术训练，培养出的毕业生多数都成了以色列顶级的学术专家或成功企业的创始人。

4. 北京全产业链+局部突破发展模式

北京是我国人工智能产业较为发达的城市，中关村国家自主创新示范区聚集了大批人工智能企业，全产业链发展和局部突破相结合是其发展特色。龙头企业积极发挥引领作用，以海量优质数据为基础，建立算法平台、通用技术平台和应用平台，构建全产业链生态，实现"全面开花，四处发力"。比如，百度正推动将人工智能技术渗透到各类业务中，积极打造全新的人工智能生态，其自动驾驶国家人工智能开放创新平台被列为首批 4 家国家新一代人工智能开放创新平台。新生创新企业专注某一技术领域，实现局部突破，抢先构筑技术壁垒，在计算机视觉、深度学习、智能芯片、语音识别等领域涌现了商汤科技、第四范式、中科寒武纪、深鉴科技、出门问问等企业，这些企业在各自领域形成国际竞争优势。

北京全产业链+局部突破发展模式获得快速发展的有利条件主要包括几个方面。一是得天独厚的产业优势，中关村聚集了大批人工智能企业，形成了覆盖基础层、技术层、应用层的全产业链集群，基本形成产业高端价值链发展格局。二是国际领先的技术优势，北京大批技术领先的科研院所和高校，给人工智能产业发展提供了大量的技术支持。三是重视人才储备。北京市经济和信息化局发布的《2022 年北京人工智能产业发展白皮书》显示，截至 2018 年 5 月 8 日，我国人工智能企业共计 4040 家，其中北京市人工智能企业 1070 家，占比 26%。四是政府大力支持。中关村在全国最早推出一系列先行先试政策，鼓励科技创新创业，并率先发布人工智能支持政策，如《中关村国家自主创新示范区人工智能产业培育行动计划（2017—2020 年）》等。

5. 上海特色集聚+应用场景模式

上海发布《关于本市推动新一代人工智能发展的实施意见》，聚焦应用驱动、产业协同、科技引领、生态培育，加快计算机视觉、语音识别、认知计算、自然语言处理、人机交互等技术在重点行业场景中的应用，围绕静安、杨浦、嘉定、宝山等基于大数据、云计算、车联网、机器人等产业领域特色优势，在徐汇滨江、张江、临港等人工智能集聚发展区建造人工智能特色产业集聚区，打造人工智能产业发展高地。

上海特色集聚+应用场景发展模式获得快速发展的有利条件包括以下几个。一是产业基础优势，静安、杨浦、嘉定、宝山等地在大数据、云计算、车联网、机器人等产业领域具有相对比较优势。二是智慧应用优势，上海正在着力建设千兆宽带接入网和覆盖全城的窄带物联网，依托工业互联网、智能制造、智能网联汽车、互联网+政务等，构建起丰富的感知系统。三是人才优势，上海集聚了全国1/3的人工智能人才。四是政府政策支持，上海市经济和信息化委员会提供2亿元人工智能创新发展专项资金，支持20余家人工智能企业的发展。

6. 深圳人工智能与主导产业融合发展模式

《2017中国人工智能人才报告》显示，深圳在全球人工智能企业数量排名中，位居第八，在企业数量占比方面，深圳以15.5%的比例仅次于北京和上海，位列全国第三。深圳市人工智能产业形成了人工智能与主导产业融合发展的模式，以主导产业需求拉动人工智能产业发展，以人工智能发展推动主导产业转型升级。

深圳市人工智能与主导产业融合发展模式获得快速发展的有利条件包括以下几方面。一是先进制造业的基础优势，作为全球重要的电子信息产业基地、国内首个联合国教科文组织认定的"设计之都"，深圳先进的制造业对当地GDP的贡献率逐年提升，深圳市政府网站的公开数据显示，2018年深圳市新兴产业对GDP的贡献率达40.9%，先进制造业占工业比重超过70%。二是深圳主导产业与人工智能产业有着天然的联结，人工智能产业是深圳重点发展的产业，如智能硬件、可穿戴设备、机器人、无人机、大数据、生物基因等的关联产业，是这些产业转型升级和获得价值突破的关键。三是强有力的政策保障，深圳出台 8 项专项工程推动人工智能产业的发展，并将其纳入产业专项资金扶持计划予以支持。在人才入户、国内高层次人才培养、相关领域技能人才培养方面给予充分的政策倾斜。

二、杭州人工智能产业发展的基础与存在不足

1. 杭州人工智能产业发展的基础与优势

（1）信息经济基础良好。通过深入实施"一号工程"，杭州信息经济发展水平位居国内第一方阵，是经济发展的主引擎。近几年来，杭州信息经济十二大核心产业增加值始终保持高速增长，对全市 GDP 增长的贡献率达到 50%以上。包括大数据、云计算、物联网、移动互联网等在内的新一代信息技术产业已逐步走向规模化，为新一代人工智能产业创新发展提供了坚实的基础。

（2）部分领域占据领先优势。2016 年，杭州市政府、阿里巴巴、富士康共同启动"杭州城市数据大脑"项目，这是全球首个城市人工智能中枢，使用阿里云 ET 技能，对整个城市进行全局实时分析，自动分配公共资源，修正城市运转中的"缝隙"。阿里云 ET 城市大脑被列为首批 4 家国家新一代人工智能开放创新平台。智能安防是杭州人工智能产业发展非常迅速的一个领域。例如，海康威视、大华股份、阿里巴巴等该领域的巨头企业，在国内乃至全球都具有领先优势。

（3）企业具有创新活力。以阿里巴巴、网易、海康威视、新华三为代表的 IT 产业巨头纷纷抢占人工智能产业制高点；以机器换人为代表的制造业企业转型升级促进了人工智能技术与机器人的深度融合；以后发优势为特征的灵伴科技、凌感科技等初创型企业逐渐成为人工智能行业的重要势力。

（4）市场接受度高。杭州是国内较早实现无现金支付的城市，市场对信息技术和智能产品的接受度较高。杭州是创新活力之城，

目前陆续试点推出的无人超市、人工智能酒店等新业态获得了市场的认可。

2. 杭州人工智能产业发展中存在的不足

（1）重大原创成果不足。与国外人工智能企业相比，我国的人工智能与之仍存在一定差距，主要包括人工智能原创性理论基础不强，重大原创成果不足，在基础理论、核心算法以及关键设备、高端芯片、重大产品与系统、基础材料、元器件、软件与接口等方面差距较大。美国的人工智能产业布局非常完善，基础层、技术层和应用层都有涉及，尤其是在算法、芯片和数据等产业核心领域，形成了强大的技术创新优势，各层级企业数量全面领先中国。相比较而言，我国在基础层、技术层等方面与之差距较大，杭州在这方面的不足更为突出。

（2）产业链不完整。杭州人工智能初创型企业小而散，都是以点状形式在探索，领域相对分散独立，没有形成上下游产业链，无法实现规模效应。

（3）高端人才缺口大。人才是促进人工智能产业发展的重要资源，目前全球各大科技巨头都在加大对人才的吸引力度。目前，国内人工智能人才高度集中在上海和北京，杭州人工智能人才集聚不足，对加快人工智能产业的发展缺乏有力支撑。

（4）数据孤岛问题明显。数据共享共用是人工智能产业发展和场景应用的基础，如果无法实现数据共享，就会造成应用场景的局限、应用成本的大幅增加。相比较北京、上海，杭州在数据共享开放方面需要打通更多的渠道，建立更多的平台，以突破更多的体制机制障碍。

三、对杭州人工智能产业发展模式的建议

1. 采取重点突破带动产业链整体提升的模式

基于杭州现有的人工智能产业基础和发展环境，建议实施人工智能产业重点突破带动产业链整体提升的模式，围绕深度学习、城市大脑等人工智能重点领域，启动实施人工智能产业超越发展计划，以阿里云ET城市大脑成功入选首批国家新一代人工智能开放创新平台为机遇，在人工智能核心技术研发和产业化方面取得重大突破。依托智能安防、智能机器人等基础较好的产业，大力开展人工智能产业示范试点工作，吸收国内外人工智能产业发展经验，探索人工智能产业超越发展新模式。以城市大脑+智能应用场景为导向，推动形成以大企业为主导的人工智能产业链的整合提升，以引导、带动和激励中小人工智能企业的发展。

2. 协同创新占据产业制高点

借鉴美国旧金山湾区协同创新模式，构建人工智能协同创新网络，结合阿里巴巴、海康威视等龙头企业的研发和产业化优势，组建人工智能技术创新战略联盟，积极推动产业链上下游的中小企业参与联盟，加强人工智能国际科技和产业合作，形成联合攻关、协同创新的良好局面。

（1）基础层。充分依靠之江实验室、阿里达摩院的带动作用，加强与高校和科研院所的合作，把握人工智能技术的发展趋势，前瞻布局高级机器学习、类脑智能计算、量子智能计算、知识计算引擎、跨媒体分析推理、群智感知知识获取、人机协同感知、自主协同控制、复杂动态场景感知和自主无人系统计算构架等可能引发人工智能范式变革的基础研究。

（2）技术层。优化配置创新资源，组织攻关，以数据、算法、硬

件为核心,力争在大数据智能、跨媒体智能、混合增强智能、群体智能、自主智能控制等核心技术领域取得突破性进展。依靠阿里巴巴、银江股份、海康威视等实现城市大脑+智能应用在智慧安防、智慧交通、智慧医疗等人工智能领域技术层上的突破,加强主导或参与制定人工智能技术标准规范。

(3)应用层。通过政府与企业的合作,构建城市大脑平台架构及各垂直行业小脑应用层的应用场景,汇聚城市级各行各业相关数据,引领云计算和人工智能时代全新的应用和服务体验。

3. 强化杭州高校科研项目的带动作用

借鉴英国伦敦科研项目创业带动模式,发挥浙江大学、杭州电子科技大学等高校和科研院所人工智能相关领域的科研优势,加强产学研用合作,鼓励高校科研团队以科研项目为主体,孵化一批人工智能创业项目,推动人工智能科研型创业。充分利用高校在人工智能基础研究领域的优势,支持创新平台建设,共同推动人工智能基础理论、关键共性技术研究和成果转化。

4. 充分发挥政府引导和支持作用

建立人工智能产业发展领导小组,促进人工智能产业整合发展。领导小组协调解决跨地区、跨部门、跨行业的有关问题。设立产业发展专项基金,建立多元化投融资机制。降低企业运营成本,打造高质量的营商环境。为人工智能产业重大技术产业化项目和科技成果转化项目提供贴息支持等,引导和扶持人工智能企业积极开展自主创新活动。加快引进高端人才,积极探索制定个税减免等优惠政策,吸引全球人工智能优秀人才来杭州创新创业,切实解决高端人才入驻杭州的生活问题。培养本地专业创新人才,加快培育人工智能产业的骨干企业和创新团队。指导高校对与人工智能相关专业的人才培养模式及培养方案进行改革和优化,为人工智能产业的发展培养后备人才。

5. 营造良好的产业生态环境

建设云计算和大数据平台,大力支持人工智能城市应用场景的跨学科重大创新平台建设。加强部门合作,共享数据资源,降低城市智能应用场景的布局成本。加强国际合作,吸引更多国际科技创新资源集聚杭州、落户杭州、发展杭州,为大力推动杭州创新创业增强动力和提供支撑。鼓励各类企业在创新过程中敢于冒险、勇于试错,并提供相应的机会空间和政策保障。不断培育适合创新创业的价值取向、行为规范,进一步优化容忍失败、勇于创新的人工智能创新创业环境。

第 16 章 国内外人工智能关联产业发展的经验及启示

《国务院关于积极推进"互联网+"行动的指导意见》，明确提出了包括互联网+人工智能在内的 11 项重点行动。依托互联网平台提供人工智能公共创新服务，加快人工智能核心技术突破，促进人工智能在智能家居、智能终端、智能汽车、机器人等领域的推广应用，这对驱动杭州信息经济发展、促进"一号工程"建设，具有重要的现实意义。美国、德国、日本等发达国家和国内深圳、北京、上海等地率先发展人工智能及关联产业，积累了不少经验，值得学习借鉴。本章将重点分析发达国家人工智能关联产业发展模式，提炼国内人工智能关联产业发展的主要做法，以期对我国经济发展有所启示。

一、发达国家人工智能关联产业发展模式

1. 美国智能硬件模式——基于智能平台、系统集成的传统硬件智能化

智能硬件是利用智能技术对传统设备与产品进行改造，使其拥有智能功能，实现互联网服务的加载，构建"云+端"的典型架构，形成大数据等附加价值的新业态。美国凭借强大的系统集成能力和平台搭建能力，成功对一系列传统硬件进行智能化改造，智能硬件从可穿戴设备（谷歌眼镜、FitBit、iWatch）延伸到智能家居（苹果 HomeKit、谷歌 Nest）、智能汽车（谷歌自动驾驶汽车）、机器人（谷歌机器人）。

（1）穿戴装备智能化。FitBit 最早发布智能手环，该产品将各项身体数据记录下来，人类借此可以全面了解自身健康状况。2014 年 FitBit

净利润达到 1.32 亿美元，一共售出 2080 万件，约占全球智能手环市场的 50%。但是随着多方科技公司的介入，这样的形势发生了改变。如今这一领域的出货量领军人物由苹果接棒，接下来的顺位分别是小米、三星和华为，2019 年 FitBit 的销售总量跌落至全球第五。Apple Watch 是健康和运动追踪设备，1010Data 在报告中指出，Apple Watch 所创造的营收份额约占整个可穿戴智能设备市场的 42%。谷歌眼镜集智能手机、GPS、相机于一身，虽然该项目因为成本过高、设计存在缺陷等问题被谷歌暂时叫停销售，但它在未来或将颠覆多个行业，包括 GPS、音乐、电影电视、健康医疗、教育和广告等。国际数据公司发布的《全球季度可穿戴设备跟踪报告》显示，2019 年第四季度全球可穿戴设备出货量增长 82.3%，达到 1.189 亿部，2019 年全年可穿戴设备出货量达到 3.365 亿部，其中苹果、小米、三星出货量位居前三。

（2）家居智能化。谷歌和苹果两大巨头同时发力智能家居。谷歌布局于终端和数据，计划通过传感器、控制芯片和算法等更好地检测、调整房间家电运行状况，实现 24 小时实时网络连接、远程查看、监控和设备操作。目前已有超过 5000 名开发者希望与谷歌智能家居 Nest 合作开发产品，包括洗衣机和烘干机制造商惠尔浦、遥控车库门开门机制造商 Chamberlain 等。苹果侧重开放平台建设，通过智能家居平台 HomeKit，用户能够控制灯光、门窗、温控器和插座等设备，并实现对单个设备或某个场景模式的多设备控制。首批支持 HomeKit 的智能家居设备已上市，其合作伙伴包括德州仪器、飞利浦、科锐、海尔、Netamo、Withings、霍尼韦尔、Marvel、欧司朗、Broadcom 等。

（3）汽车智能化。自动驾驶汽车的最终目的是取消方向盘和刹车踏板。我国自动驾驶技术已经走过科学期、技术期，正在向产品期过渡，不同场景的应用也正加速落地，自动驾驶技术测试与示范应用的"无人化"进程明显加速，为无人驾驶车辆规模化应用奠定了良好基础，深圳、上海、武汉等地自动驾驶无人化、商业化实践取得实质性进展。

（4）机器人智能化。1962 年，美国生产出第一台工业机器人，开启了机器人 1.0 时代。但是日本通过购买美国机器人，经过模仿—消化—吸收—再创新，20 世纪 70 年代中后期，日本机器人异军突起，开启了日本机器人近半个世纪的辉煌历史。美国凭借人工智能方面的重大技术突破又开始引领机器人产业 2.0 时代，即智能机器人，其核心是人工智能、人机交互、人机一体。谷歌机器人可以在不平滑的地面自如行走，可以爬楼梯、爬山。此外，美国的军用机器人、宇航机器人都遥遥领先于其他同行。

2. 德国智能生产模式——"工业 4.0"

"工业 4.0"旨在充分利用信息通信技术和网络空间虚拟系统与信息物理系统相结合，使制造业向智能化转型。"工业 4.0"主要分为三大主题：智能工厂、智能生产、智能物流。通过"工业 4.0"，德国六大国民经济重要行业的产值至 2025 年预计将增长 780 亿欧元，平均每个行业每年增幅可达 1.7%。

（1）智能工厂。发展智能工厂，重点是智能化生产系统及过程，以及网络化分布式生产设施的实现，技术核心是物联网。化工巨头巴斯夫，工人人工输入订单后会生成 RFID 标签，RFID 标签会自动贴到装配线的空瓶上，机器通过 RFID 标签读取所需产品的种类、香型、瓶盖颜色和商标等，自动进行生产、灌装、包装。博世洪堡工厂生产线所有零件都有一个独特的 RFID 码，每经过一个生产环节，读卡器会自动读出相关信息，并将之反馈到控制中心进行相应处理。RFID 码系统使博世洪堡工厂库存减少 30%，生产效率提高 10%，节省上千万欧元的成本。

（2）智能生产。智能生产主要涉及整个企业的生产物流管理、人机互动以及 3D 技术在工业生产过程中的应用等。西门子安贝格电子制造工厂 75%的生产过程是机器完成的，超过 3 亿个元器件可进行身份识别，身份信息包括材料、安装尺寸、安装位置及作用等，经过设备上扫描器和读码器的数据读取，机器执行相应的动作并进行安装。西门子旗下的安贝格工厂历经多年，通过对产品、工艺进行持续改进，在员工没有增加的情况下，安贝格工厂将产能提高到了原来的 8 倍，质量水平达到了 99.9989%。①安贝格工厂可以在 24 小时内完成整个生产流程，包括从收到订单到生产出来再配送到中央仓库的整个流程，平均每 1 秒钟生产 1 个产品，每年可生产约 30 亿个零部件。

（3）智能物流。智能物流主要通过互联网整合物流资源，充分发挥物流资源供应方的效能，需求方快速获得服务匹配。西门子安贝格工厂的智能物流配送系统在正常计划配送基础上，根据实际生产情况，技术人员将快要用完的物流扫描物流号，通过 RFID 自动将信息传递到中央物流区，中央物流区自动将相关物流准确送到各自对应的线边库，整个过程全自动化，完成仅需要 15 分钟。

3. 日本智能技术模式——以 3D 打印、自动化技术改造制造业

日本始终将制造业视为立国之本。日本政府 1999 年起草了《振兴制造业基础技术基本法》，认为产品的设计、制造是支持日本发展的基础。日本经济产业省 2000 年制定了"国家产业技术战略"，核心是研制新材料和开发新的制造工艺以推动机械制造业的发展。日本人工智能产业首先推动的领域就是工业生产线智能化，近年来更是大规模推出技术战略规划，同时加大了对 3D 打印等新兴技术的投入力度。

（1）工业生产线智能化。本田公司通过采取机器人、无人搬运机、无人工厂等智能技术，通过减少喷漆次数、热处理工序等措施把生产线缩短了 40%，并通过改变车身结构设计把焊接生产线由 18 道工

---

① "灯塔工厂"系列（八）：西门子德国 安贝格工厂. http://xkzj.mofcom.gov.cn/article/myszh/szhzx/202107/20210703179145.shtml，2021-06-17.

序减少为 9 道，建成了世界最短的高端车型生产线。日本电装公司通过对铝压铸件的生产设备、工艺进行智能化改造，降低了 30%的生产成本，设备面积减少 80%，能源消费量降低 50%。佳能公司投资 133 亿日元用于全自动化生产线的研发，创立了世界首个数码照相机无人工厂，大幅度提高了成本竞争力。三菱重工新建自动化生产线，在兼顾产品品质的基础上力争做到成本削减 15%左右。三井造船株式会社自 2015 年之后的 5 年里投入 150 亿日元，引进机器人等智能科技将生产效率提高 30%。

（2）3D 打印技术改造制造业。日本经济产业省把 3D 打印机列为优先政策扶持对象，实施大规模研究开发项目，开发世界最高水平的金属粉末 3D 打印机。松下使用了 120 个 GH4 相机组成了一个 360 度的拍摄区域，瞬间获取高达 20.64 亿的影像数据，传输到 3D 打印机中制作出来的产品相当精细准确。松下电器正在将可高效生产树脂和金属部件的 3D 打印机应用于家用电器制造，如果技术能够实现，将降低上百亿日元生产成本。

二、国内人工智能关联产业发展的主要做法

1. 深圳——以机器人、可穿戴设备、智能设备为主导

作为全球重要的电子信息产业基地、国内首个联合国教科文组织认定的"设计之都"、全球最大的通信设备生产制造基地和国内最大的微电机集聚地，深圳依托良好的产业基础支撑，在机器人、可穿戴设备、智能装备等领域位居全国前列，深圳在机器人动力系统、控制系统以及人机界面等领域全国领先，部分企业达到世界先进水平，拥有汇川、雷赛、劲拓等一批知名企业。在可穿戴设备领域，深圳是国内最大的研发生产基地，拥有从传感器、柔性原件到交互解决方案的完整产业链条，集聚了上千家相关企业，产业呈现出爆发式增长态势，华为、中兴、宇龙等龙头企业在国内率先推出智能手表、健康配件等

可穿戴设备。在智能装备领域，激光自动焊接设备、线路板三维检测设备国内名列前茅，生命信息检测仪器研制取得重大突破。

深圳的主要做法包括以下几个方面。①实施 8 项专项工程推动人工智能产业的发展。②深圳新兴高技术产业发展联席会议负责规划政策实施、编制专项资金项目扶持计划落实优惠政策，以及解决产业发展、项目扶持及应用推广中的问题。③自 2014 年起连续 7 年，市财政每年安排 5 亿元，设立市机器人、可穿戴设备和智能装备产业发展专项资金。④在深圳设立符合规定要求的实验室、技术中心、技术服务平台等，深圳还设立专项资金给予支持。⑤对机器人、可穿戴设备和智能装备自主创新产品研发项目，通过多元化扶持方式予以支持。⑥对掌握核心技术、市场前景良好的产业化项目，深圳设立专项资金予以配套支持。鼓励优势企业积极承担国家产业化项目，并设立专项资金予以配套支持。

2. 北京——巨头构建智能硬件产业生态圈

北京在发展人工智能方面有着得天独厚的优势。北京拥有众多高校和研究机构，中关村是我国高端装备制造业发展的重要地区，许多大型跨国制造企业、人工智能产业联盟的总部都设在北京。百度、小米、乐视、京东、奇虎等一大批中关村互联网企业推出了智能手机、智能电视、盒子、手环、路由器等系列智能硬件产品，同时孵化培育了一批创新型企业，初步形成了良好的智能硬件产业生态圈。京东推出了"JD+"计划以加速智能硬件创新，搭建创新智能产品开放平台。百度推出了 Baidu Inside 创新智能硬件合作计划。小米公司则以小米三大主线产品（即小米手机、电视/盒子、路由器）和相关周边智能产品研发、适配构建起小米终端生态圈。奇虎公司聚焦于安全、安防和健康，已推出 360 儿童卫士、360 安全路由、360 空气卫士等产品。目前，中关村已形成设计、研发及销售在内，中试、制造、集成等环节在外的"两头在内、中间在外"的符合首都"高精尖"定位的智能硬件发展模式。

北京的主要做法主要包括以下几个方面。①大力发展智能硬件产业，培育具有全球影响力的智能硬件产业集群。②打造智能硬件产业集聚区，对入驻企业给予租金补贴和一次性资金支持。③搭建智能硬件公共技术和产业服务平台，并给予其不超过 500 万资金的补贴支持。④支持智能硬件中小微企业创业和融资，给予一次性启动资金支持和股权投资支持，降低企业贷款成本，支持融资租赁服务和股权融资。⑤采用多种方式对企业进行股权投资，给予最高 5000 万元的资金支持。鼓励设立智能硬件产业投资基金，给予 30%的引导资金支持。⑥提供资金鼓励企业进行产品研发和创新。⑦通过政策和资金支持，鼓励多领域交流合作。

3. 上海——机器人产业主导"中国制造 2025"的国家智能制造示范基地

上海成为我国产业规模最大的机器人产业集聚区，集聚了一批本体和功能部件企业、系统集成商、大学和科研院所，形成机器人研发、生产、应用等较为完整的产业链，中国机器人 1/3 产量在上海。上海计划重点拓展机器人系统集成应用，建设我国最大的机器人产业基地、机器人核心技术研发中心、高端制造中心、服务中心和应用中心。上海发挥在国内智能制造领域价值链处于相对高端、产业链较完善、创新链协同较强、资源链相对集聚的基础优势，打造"中国制造 2025"的国家智能制造示范基地。

上海的主要做法包括以下几个方面。①突破精密减速器、控制系统等制约机器人产业发展的关键核心技术。②搭建机器人产业服务平台。充分发挥上海市机器人行业协会、中国移动机器人产业联盟的桥梁纽带作用，建设机器人相关产品检测、试验验证、认证认可、人才培训等公共服务平台。③创新机器人产业发展模式。鼓励探索开展机器人融资租赁业务，建立融资担保机制，发挥金融杠杆作用，支持企业使用机器人。④建设机器人产业人才实训基地，培训面向操作的应用型人才。⑤培育以顾村机器人产业园为核心的宝山基地和以康桥、金桥为核心的浦东基地。⑥发挥政府相关专项资金引导作用，吸引社会资本参与，共同设立机器人产业基金。积极引导天使基金、风投基金、股权投资基金等金融资本投资机器人产业。

三、对我国的启示

从发达国家发展经验看，欧美及日本的发展模式各不相同。美国具备全球最完善的分布能源系统、物联网等，形成了较为完善的工业体系，拥有强大的系统集成能力和平台搭建能力，人工智能产业链主要集中于系统集成领域，用智能平台对传统硬件设备进行改造，从而衍生出新的智能产品和依托传统硬件的智能服务。德国具有制造业传统优势，其"工业4.0"战略主要是通过智能技术对整个制造工厂进行智能化改造，提高生产效率。日本在电子产业和机器人产业上具有优势，但是相较于德国"工业4.0"对整个工厂的智能化改造，日本更强调工业生产线的智能化和产品设计的智能化。由于人工智能及其关联产业都属于高技术产业，企业进入技术门槛高、资金需求大、研发强度要求较高，对于此种情况，发达国家在产业发展中给予了坚实的政策支持和保障。例如，日本在对政策进行通盘考虑时十分重视对发展人工智能技术的企业给予优惠贷款、税收减免等多项政策支持，在实施"工业4.0"的过程中，德国政府也给予了大量的资金支持。

与发达国家相比，我国人工智能产业起步较晚，人工智能基础理论和技术体系建设相对滞后，发展侧重技术追踪和技术引进，基础研究能力相对不足，关键技术环节薄弱，技术体系不够完整，先进技术前沿领域发展滞后。但在某些领域内，国内企业实现了对谷歌、微软和 IBM[①]等人工智能巨头的超越。例如，出现了语音识别领域的科大讯飞、计算机视觉领域的格林深瞳、语义识别领域的小 i 机器人、人脸识别领域的 Face++、安防监控领域的海康威视等细分行业的龙头企业。但这些超越主要集中在具体应用场景的技术结果上。今后国内企业应从具体应用场景出发，依托庞大的国内市场，从点到面，带动整个人工智能产业体系的发展。

从国内城市人工智能发展情况看，深圳依托电子产业和通信设备制造业的雄厚基础，在机器人、可穿戴设备、智能装备等领域位居全国前列。北京依托得天独厚的人才优势、技术优势和产业优势，正着力打造智能硬件产业生态圈。而上海则依托高新区较为完整的机器人产业链，希望通过机器人产业的发展带动上海实现建设"中国制造2025"国家智能制造示范基地的目标。在深圳、北京、上海的人工智能及其关联产业发展过程中，政府提供了资金、人才、土地、厂房、平台等全方位的支持。

从发达国家和国内人工智能发展经验来看，人工智能及其关联产业发展的核心要素是资本和人才，所以我们应该围绕集聚产业资本和高端人才，加大政府政策引导和支持力度。

[①] IBM，英文全称为 International Business Machines Corporation，可翻译为国际商业机器公司或万国商业机器公司。

第 17 章 美国人工智能发展战略及启示

继 2016 年 10 月 13 日美国总统办公室发布《为人工智能的未来做好准备》和《美国国家人工智能研究与发展策略规划》两份重要报告之后，12 月 20 日又发布了《人工智能、自动化与经济》。美国白宫三个月内发布三份人工智能报告，凸显了美国政府对人工智能发展的重视程度，标志着人工智能已经被美国上升到了国家战略层面。三份报告从发展现状和存在的问题、发展方向和战略、应对策略和建议等方面，为美国人工智能的发展勾勒出了一个远大计划和发展蓝图，提出了支持人工智能发展的主要策略和政策，对杭州加快发展人工智能产业、深入推进"一号工程"、培育经济发展新动能有着重要的启示借鉴作用。

一、美国白宫发布人工智能报告的概况

《为人工智能的未来做好准备》是一份基础性的报告，更多集中在对一些基本问题的重新认知上，主要包括四方面内容：一是对人工智能发展现状、阶段及工作重点进行更清晰的梳理；二是就人们对人工智能的担忧和相关道德问题进行讨论，并认为对人工智能的长期担忧不影响短期产业政策；三是对人工智能应用领域的界定，包括现有的应用领域、将来起基础性作用的应用领域，以及可能存在风险的应用领域；四是对政府和相关机构的角色及作用的描述。该报告认为，只要全社会共同努力支持人工智能技术的发展，密切关注并管理其风险，人工智能就将成为经济增长和社会进步的主要驱动力。该报告还认为，在人工智能的发展中，政府可以在搭建交流平台、监督技术安

全、鼓励保护创新、支持基础研究、推进技术应用等多方面发挥作用。该报告最终提出了23条建议性措施,主要是对联邦政府、技术机构、重点应用部门(交通部)和专业团体四类主体,在人工智能发展中应该承担的责任和发挥作用的着力点进行了分工。

《美国国家人工智能研究与发展策略规划》是对美国人工智能研发规划的进一步明晰。该报告将美国人工智能研发战略规划从结构上分为三个层次:第一层次为跨领域研发基础层,包括伦理、法律、安全、标准、数据环境等,是影响所有人工智能系统开发的基础;第二层次是基础研发层,包括数据感知分析、智能机器人以及自然语言处理等人机协作领域,是推动人工智能进步所需的多领域研究;第三层次是应用程序层,是人工智能预期收益的应用场景,包括制造业、教育、通信等。该报告共提出了七条战略和两条建议。

《人工智能、自动化与经济》深入评析了人工智能驱动的自动化将会给经济带来的影响,认为应对人工智能驱动的自动化经济,是后续政府将要面对的重大政策挑战。下一届政府应该制定政策,推动人工智能发展并释放企业和工人的创造潜力,确保美国在人工智能创新和使用中的领导地位。该报告还深入分析了人工智能驱动的自动化将会给宏观经济和劳动力市场带来的影响,并以自动化车辆作为案例,分类分析了车辆自动化将会造成哪些岗位失业,以及新增哪些类型的岗位。该报告还认为,在自动化对就业的影响模棱两可、难以预测的情况下,政策和制度安排则在其中扮演着非常重要的角色。该报告提出了三项策略来应对人工智能所带来的影响。

二、美国政府支持发展人工智能的主要策略与政策

(1)优先发展基础研究项目,加大投资力度。美国政府优先发展人工智能的基础研究项目,加大在人工智能研究方面的资金投入力度。在白宫科技政策办公室主办的所有人工智能相关研讨会和公共推

广活动中，无论是业界领袖、技术专家还是经济学家，都向政府官员呼吁加大在人工智能技术研发方面的政府投入力度。

（2）设计研发实施框架，建立人才队伍。美国政府和网络与信息技术研发小组委员会合作，成立联合工作组，完成顶层框架设计，明确人工智能发展相关职能部门和机构的任务，根据各部门的能力、预算和研发重点，协调、规划各部门的主要工作。根据人工智能研发人员的当前状态，预测未来研发人员的需求，建立一支强大的人工智能研发队伍。

（3）强调数据集的重要性，注重信息共享。通过实施"人工智能公开数据"计划，实现大量政府数据集的公开共享，加速人工智能研究，在政府、学术机构企业中促进人工智能公开数据标准的合理使用。相关政府部门还注意与产业界和研究人员合作，加强用于安全、研究和其他目的的数据共享。

（4）设立专项科研机构，投资系统开发。设立类似美国国防部高级研究计划局这样的机构，以支持高风险、高回报的人工智能研究及其应用。对于全国性人工智能系统，政府进行投资开发和推广应用，如政府投资开发了一个高端自动空中交通管理系统，该系统可扩展升级，同时也能够应对无人机等飞行器的干扰。

（5）强化人工智能教育，完善培训体系。建立专项高级教育研究项目，以确定人工智能及其他技术是否能够显著提高学生的学习成绩。在数学、计算机科学学科的教育领域，以及已投资过的各个级别教育机构都在设立和发展人工智能项目，从而有利于提高教育质量。美国在中学乃至小学就设立数据科学课程，以有效提高国民的数据知识水平。重视中学生的教育和高等教育培养方式向技术型方向转化，美国还设立人工智能和数据科学课程等。美国还设立社区免费大学，鼓励那些刻苦学习的学生获得应有的教育。加大培训和再培训的人数和范围，制定劳动力创新和机会法案，通过法律的形式保证对教育的

（6）加强失业保险制度建设，改革税收制度。由于工人可能会面临失业的风险，因此美国政府延长了失业保险的领取期限，通过减少工作时间的方式取代裁员，进而减少失业带来的损失。对于有长期工作经验的工人（20年以上工龄），政府通过缴纳保险的方式弥补其因失业造成的部分损失。政府为工人提供转型指引，为工人提供寻找工作方面的帮助，如为其提供培训建议、提供免费咨询服务等以保证个人可以迅速找到工作。启动失业保险、医疗和营养补充救助计划以及贫困家庭临时救助计划等，在政府的资金支持下为失业人员提供帮助。人工智能的发展促使投资资本更加集中于高收入人群，必将加剧收入不平等的情况，因此美国积极加强税收信用机制建设，促使人们积极纳税，从而促进财富的转移。

三、对杭州制定人工智能战略的建议

政策与市场并用，规划引导人工智能产业快速健康发展。当前处在人工智能产业与应用发展的风口浪尖，人工智能的研发和推广，需要承受高投入、高风险的压力，所以并不是所有的企业都适宜从事人工智能的研发。因而，一方面需要借助市场的力量，积极引导相关企业进行人工智能的研发，另一方面又要发挥政府的规划引导和政策力量，根据国家发展和改革委员会、科学技术部、工业和信息化部、中共中央网络安全和信息化委员会办公室制定的《"互联网+"人工智能三年行动实施方案》，及时出台杭州的实施方案和政策措施，围绕杭州发展人工智能的核心企业，合理布局人工智能产业重点，明确人工智能发展路线，避免在政策规划缺失的情况下，中小企业一窝蜂而上，走技术含量不高的低端路线，形成同质化恶性竞争局面。

开发与共享并重，实现数据资源的人工智能应用。杭州的人工智能企业，如阿里巴巴、海康威视等在国内有着比较明显的技术优势，也掌握了海量的基础数据和客户资源。一方面，要引导杭州人工智能企业合理开发和利用已经掌握的数据资源，开发对应的人工智能服务系统，实现从杭州制造到杭州智造、从提供产品到提供智能化服务的升级；另一方面，政府及相关部门应该在相应的领域内，积极与企业及相关机构进行数据共享，开放数据资源，在公共管理和服务领域，引导企业与政府进行人工智能应用系统设计方面的合作，合理规划智能交通系统、智能医疗系统、智能安监系统，实现杭州市公共管理的智能化升级。

财政与融资并行，保障人工智能产业研发的资金投入。人工智能技术研发投资大、时间跨度长，而企业对投资回报率要求高，因而对人工智能基础研究的投入明显不足。为此，可以成立政府专项产业基金支持企业人工智能的研发活动，以保障基础研发活动的顺利开展。同时为人工智能产业的投融资牵线搭桥，建立较为完备、快速、充分的投融资体系，加速人工智能研发成果的转化。

引进与培养人才并举，集聚人才资源。当前人工智能领域的优秀人才成为各大巨头争相抢夺的对象，杭州在人才引进时，也应当有目的性地引进与杭州人工智能产业能够有机融合或优势互补的顶尖专家及优秀科研团队，借助外力提升杭州人工智能产业的智力资本水平。同时也需要注重杭州本土人工智能人才的培养，尤其是引导杭州各高校课程设计、科研研究、合作开放等领域的发展方向向人工智能领域倾斜，资助具有人工智能学科优势的高校优先发展相关学科，鼓励企业与高校建立人工智能协同研发平台，推进各高校人工智能专业互相沟通交流，从内部改善杭州人工智能人力资本存量的质量和数量，为杭州人工智能产业的发展培养后备力量。

第18章 加快抢占人工智能产业制高点的思路与对策

人工智能技术是应用计算机的软硬件来模拟人类某些智能行为的技术，是新一代信息技术的重要领域。近年来，由于人工智能技术快速发展和广泛应用，其对信息经济的引领作用和巨大的商业价值，引起了发达国家的高度重视，特别是国际IT巨头纷纷抢占人工智能技术与产业制高点。《国务院关于积极推进"互联网+"行动的指导意见》明确提出"互联网+"人工智能重点行动。杭州具有发展人工智能产业的良好基础，加快培育发展人工智能产业，是抢占新一代信息产业制高点的有力抓手，是推动信息经济、智慧经济发展的重要途径。

一、人工智能的发展方向

当前，IT和互联网领域的几乎所有主题和热点（智能硬件、工业4.0、O2O、机器人、无人机）、发展突破的关键环节都与人工智能有关。在感知无所不在、联接无所不在、数据无所不在、计算无所不在的互联网时代，海量数据产生、获取和融合成为关键战略资源，信息的分析能力、综合能力、智能决策能力成为竞争优势的核心来源，人工智能技术已成为夺取信息经济发展制高点的核心技术之一。

人工智能的核心是全面实现智能感知、精确性计算、智能反馈控制，并形成技术突破和实现产业化发展。

1. 人工智能新兴产业发展

人工智能新兴产业发展主要包括建设超大规模深度学习的新型计算集群，构建人工智能基础资源和公共服务等创新平台，推进计算机视觉和智能语音处理等关键技术产业的发展等。目前国际上领先的人工智能产品主要包括以下几类。

（1）人脑芯片。2014 年 8 月，IBM 宣布研制成功了一款大脑原型芯片 TrueNorth，主攻超级计算机专业学习领域。TrueNorth 微芯片集成了 100 万个神经元和 2.56 亿个突触，与普通蜜蜂的大脑水平相当，每秒每瓦可实现 460 亿次神经突触操作，它能像人脑一样去探测并识别模式。

（2）量子计算。量子计算机是一种使用量子逻辑实现通用计算的设备，其用来存储数据的对象是粒子的量子态，它使用量子算法来进行数据操作，能形成强大的并行计算能力。2014 年，谷歌公司与科学家联手研制量子级计算机处理器，目的是在未来使机器人像人类一样"独立思考问题"。量子通信作为下一代信息技术的重要发展方向，已成为主要发达国家在信息领域战略布局的重点。量子通信和量子计算将会是下一个改变世界的技术领域。

（3）仿生计算机。仿生计算机的提出是为了解决如何构建大规模人工神经网络的问题，目前国内的陈云霁团队所搭建的寒武纪神经网络计算机正是基于仿生学的原理，通过寒武纪生物大爆炸中获取的线索，实现的无须访问内存，减少 90% 以上的片上通信时间，并支持几乎现有主流机器学习算法的网络计算机。寒武纪神经网络计算机跟主流 GPU 相比，获得了 21 倍的性能和 300 倍的性能功耗比提升。

2. 重点领域智能产品创新

重点领域智能产品创新发展主要包括提升汽车、家居产品、安防产品的智能化水平和服务能力，国际上自动驾驶汽车是重点发展的智能产品。

（1）智能家居。智能家居一般是以住宅为基础平台，综合建筑装潢、网络通信、信息家电、设备自动化等技术，将系统、结构、服务、管理集成为一体的高效、安全、便利、环保的居住环境。智能家居作为物联网中一个最贴近百姓生活的应用，利用先进的计算机、网络通信、自动控制等技术，将与家庭生活有关的各种应用子系统有机地结合在一起，通过综合管理，让家庭生活更舒适、更安全、更高效和更节能。智能家居设备主要应用在智能建筑之中，其产业带动作用更是不容小觑。前瞻产业研究院发布的《2014—2018 年中国智能建筑行业发展前景与投资战略规划分析报告》显示，美国智能建筑占新建建筑的比例为 70%，日本为 60%。2018 年，我国智能建筑占新建建筑的比例达到 40%，仍远低于美、日等成熟智能建筑市场的占比，前瞻产业研究院预计未来我国智能建筑在新建建筑中的比例仍将保持每年3 个百分点左右的提升速度。

（2）智能汽车。一方面，加快智能辅助驾驶、复杂环境感知、车载智能设备等技术产品的研发与应用；另一方面，自动驾驶汽车成为智能汽车的新贵。未来，自动驾驶汽车将对交通运输业（无人驾驶物流）、出租车业（共享型自动驾驶汽车、机器人出租车）、公共交通系统、汽车保险业（自动驾驶汽车将减少路面上 90%的交通事故）、地产业（长距离通勤）、城市规划等多方面产生颠覆性的影响。以谷歌为代表的无人驾驶汽车提倡者相信，它们的技术可以让交通事故成为过去，帮公众节省大量的通勤时间，减少交通拥堵。谷歌将英国视为无人驾驶汽车的关键市场，英国政府部门承诺将向无人驾驶汽车研究投入数百万美元，同时还答应调整法律法规，鼓励新技术在英国生根。波士顿咨询公司预测，自动驾驶相关技术产业市场将在 2025 年增长至 2606 亿元，2035 年自动驾驶汽车或将会达到世界汽车销量的 1/4。

（3）智能安防。物联网技术的普及应用，使城市的安防从过去简单的安全防护系统向城市综合化体系演变，城市的安防项目涵盖众多的领域，有街道社区、楼宇建筑、银行邮局、道路监控、机动车辆、警务人员、移动物体、船只等。特别是车联网的兴起，在公共交通管理上、车辆事故处理上、车辆偷盗防范上可以更加快捷准确地跟踪定位处理,还可以随时随地地通过车辆获取更加精准的灾难事故信息、道路流量信息、车辆位置信息、公共设施安全信息、气象信息等。智能安防的主要产品为智能化安防系统,以及移动视频流媒体,移动视频监控系统等。智能安防正在发展和推广图像精准识别等大数据分析技术,以提升安防产品的智能化服务水平。

3. 终端产品智能化

当前,信息内容和服务通过多媒体终端的智能化已经成为信息经济的重要特征,移动智能终端已经成为全球最大的消费电子产品的分支,智能操作系统、PC 级芯片硬件处理能力、高速移动接入网络以及丰富的人机交互成为移动智能终端的显著特征。

(1)智能机器人。普通机器人虽然具有处理能力和一定的认知能力,但无法做到广泛交互、深度学习和智能决策,不能根据环境变化自主解决问题。而智能机器人通过接入云平台,形成"云+管+端"的机群系统,可随时与其他机器交流或在云端寻求解决问题的方法,实现人机/机器间更广泛深入地交互、学习和决策优化,智能机器人的知识、经验将更加丰富。2019 年 9 月 18 日,国际机器人联合会(The International Federation of Robotics,IFR)在上海发布了《全球机器人报告 2019》("World Robotics report 2019"),首度发布了 2018 年全球工业机器人与服务机器人市场统计数据。同时,中国机器人产业联盟也发布了 2018 年中国工业机器人市场统计数据。《全球机器人 2019》报告显示,未来 30 年我国将是全球机器人最大市场,数据显示,2018 年全球工业机器人的安装量首次超过 40 万台,其中中国依然是全球最大的消费市场,工业机器人在华累计销售量为 15.6 万台,这已是我国连续第六年稳坐"龙头"。

(2)可穿戴设备。可穿戴设备是把传感器、无线通信、多媒体等技术嵌入人们的眼镜、手表、手环、服饰及鞋袜等日常穿戴中而推出的设备，可以用紧体的佩戴方式测量各项体征。自 2012 年谷歌眼镜推出以来，智能手表、智能手环、智能头盔等各类新产品层出不穷，可穿戴设备在信息娱乐类、运动健身类、安全类、医疗管理类领域加速渗透。提升可穿戴设备低功耗设计和研发水平，在智能人机交互技术及产品应用上建立特色优势，并针对可穿戴设备后端服务需求支持建设云服务开放平台，开发智能应用软件和应用商店，将全面推动新型服务业态的发展。

4. 国际人工智能发展趋势

继数字化和网络化后，智能化成为新一代信息技术发展的重要方向。人工智能作为智能化发展的重要基础，是美国和欧洲科技研究计划的重要方向。2013 年，美国和欧盟先后宣布启动大脑研究计划，成为人类科技领域的重大事件。美欧人脑研究计划涉及各种交叉学科，技术研发的主要内容包括三个方面：一是模拟人脑体系结构和信息系统，开发出"神经学计算系统""神经学机器人"等新型信息计算科学平台；二是使用某种超级计算机中功能强大的多层模拟系统，绘制出人脑工作的复杂神经回路图像和模拟网络；三是探索神经网络如何存储、处理信息，以机器模拟方式使之具备针对环境和外部事物的超级洞察力。

2014 年以来，雅虎、英特尔、Dropbox、领英、Pinterest 以及推特都收购了人工智能公司。美国《连线》杂志的创始主编、《失控》的作者凯文·凯利预言，到 2026 年，谷歌将拥有一款无可匹敌的人工智能产品，谷歌的主营产品将不是搜索，而是人工智能。

人工智能不仅使欧美等发达国家占据人类科研活动的战略制高点，人工智能对信息技术、产业和经济也是具有革命性意义的。具体而言，一是可能催生颠覆性的生物计算产品，模拟人脑构建出基于自然语言交互等技术的生物形态计算产品;二是可能催生基于生物智能神经学技术的协议、标准和设备的颠覆性的网络产业,从而引起整个网络架构和联网模式的彻底变革;三是可能推动信息化发展领域产生革命性的变化,新型生物形态计算产品将在工业、农业、保健、医疗、商业、节能环保等领域获得广泛深入的应用,推动数字制造技术、IT 和再生能源技术的重大创新与融合,使得信息化发展领域产生革命性的变化。四是通过大脑研究计划的实施,将在经济领域增加就业,并将成为美欧经济增长的新型极限。

二、杭州发展人工智能产业的优势

1. 人工智能新兴产业

人工智能新兴产业在杭州还刚刚起步,既有阿里巴巴这样的互联网巨头涉足,也有一批创业企业正在快速成长,但产业尚未形成较大规模,技术也不够成熟。

(1)量子计算。2015 年,阿里巴巴集团旗下阿里云宣布联合中国科学院成立中国科学院-阿里巴巴量子计算实验室,共同开展在量子信息科学领域的前瞻性研究,研制量子计算机。实验室将结合阿里云在经典计算算法、架构和云计算方面的技术优势,以及中国科学院在量子计算和模拟、量子人工智能等方面的优势,颠覆摩尔定律,探索超越经典计算机的下一代超快计算技术。阿里云还与中国科学院联合决定生产量子加密通信产品。同年,阿里巴巴参与了由中国科学院牵头的"中国量子通信产业联盟",共同签署了战略合作框架协议。

(2)智能认知。智能认知主要是指以语音和图像识别为代表的智能认知技术,杭州的相关产业处于快速发展时期,典型企业包括:虹软科技股份有限公司(人脸识别、手势识别与跟踪技术、3D 等);浙江维尔科技有限公司(指纹识别产品和行业解决方案提供商);杭州晟元芯片技术有限公司(指纹识别和信息安全专用芯片)。

2. 重点领域智能产品创新

杭州智能家居产业开发已经有十几年历史，智能安防产业在国内外处于领先地位，智能家居和智能汽车产业也具有较强实力。

（1）智能安防。杭州市安防监控产品国内第一，数字安防行业领跑国内，海康威视、大华股份、宇视科技已成为国内龙头企业，产品约占国内市场份额七成以上。目前正在研究和开发适应城市报警、监控以及综合安防集成应用的平台和关键技术，加强信息系统多技术的融合，重点发展功能集成、网络集成、软硬件操作界面集成的安防产品系统。杭州高新区（滨江）集聚着安防企业100余家，数字安防产业的总产值年均保持在30%以上的增幅，形成了包括视频采集、编码、传输、存储、控制、解码输出、大屏显示、中心管理平台软件等在内的全线监控产品和行业整体解决方案。

（2）智能家居。杭州市积极推动智能家电整机产品、核心器件、无线网络通信、嵌入式模块、移动控制终端、智能路由器、基础软件等技术研发，用新技术改造传统家电产业的同时，正在逐步实现以数字化、智能化、节能化技术为特征的新型家电产品的产业化。培育智能数字家电应用服务产业，提升智能家居、智慧社区、智能楼宇等领域应用水平，相关的典型企业包括利尔达科技、浙江大华、达峰科技、华数集团、金鱼电器等。

（3）智能汽车。目前杭州市正在重点发展电子控制单元的核心芯片及软件、各种传感器、执行器、车身附件、车载信息系统、定位导航系统、混合动力汽车驱动与控制系统等电子和机电一体化产品，已经在智能汽车制造方面具有一定实力。相关企业包括吉利（成立浙江大学-吉利汽车智能汽车联合实验室，与联通合作制造智能汽车）、阿里（阿里巴巴与上海汽车集团合作），且以智慧交通建设为平台，正在推广车车通信系统和车辆与基础设施通信系统技术，研发智慧交通系统，引导卫星导航产业和高端汽车电子产业的发展。以卫星导航、车载电子、汽车芯片、智能车载终端设备、软件及系统集成为主的产业链体系正在形成。

3. 终端产品智能化

杭州各种移动操作系统、智能移动终端、移动客户端应用、云端支持、移动支付、移动应用平台等移动互联网生态群正在建立，可穿戴设备产业在智慧医疗领域的应用较为成熟，机器人智能装备是杭州制造业的重点发展方向之一。

（1）高端移动智能终端产品和服务。以阿里云OS为操作系统、手机软件平台、智能终端、内容制作与服务的生态系统正在形成，政府治理、企业运营与民生服务类的APP百花齐放，APP在移动商务、民生领域被广泛深入应用，以支付宝为主要载体，以各大银行移动支付服务为重点的移动支付格局初现，基于教育、健康、旅游、理财、文化等方面的内容建设正在不断完善，个人云应用与云服务不断促进工作、生活、学习的云端处理化。

（2）可穿戴设备。杭州可穿戴设备应用最为广泛的是智慧医疗产业。银江医疗、医惠科技、和仁科技、泰格医药、创业软件等6家企业被认定为浙江省智慧医疗操作系统技术创新综合试点企业。杭州创业软件股份有限公司是目前国内医疗卫生应用软件领域的龙头企业，银江技术股份有限公司西安分公司的医疗数字化无线医护系统和临床移动信息解决方案综合竞争力均全国排名第一。浙江好络维医疗技术有限公司在桐庐县实施了"医健云"桐庐智慧健康惠民合作项目，旨在应用先进的云计算、移动互联网、物联网等技术，搭建基于大数据的健康管理云平台，为百姓提供健康管理服务。

（3）机器人智能化产业。目前，杭州先进制造技术、光机电一体化技术、服务机器人、工业机器人、机器视觉技术等相应的技术储备和工程实际应用能力不断增强，通过科研院所和企业项目合作，正在突破一批人工智能的核心技术，尤其是神经人因学和智能设计的结合。杭州在机器人产业链中的定位为研发设计，不断为市场提供一流的具有国际竞争力的机器人技术、产品和解决方案，业务覆盖了与机器人相关的工业、服务、教育、娱乐等领域，尤其是面向特殊工作场合的机器人正在开发，如城市清洁机器人、老年人看护机器人等。

三、杭州人工智能产业的发展重点

1. 培育发展人工智能新兴产业

（1）超前部署发展量子通信与量子计算。积极支持阿里巴巴集团与中国科学院在量子通信和量子计算两个前沿领域展开深度合作，推动量子信息技术的研发和推广应用，为保证中国在大数据时代的信息安全水平和提高信息处理能力奠定坚实的技术基础，实现量子保密通信技术在电子商务和数据中心安全方面的现实应用。支持阿里云成为全球首家提供量子安全传输产品的云服务商。阿里巴巴与中国科学院的联合实验室将研发出新一代量子计算机，新一代量子计算机能够解决目前最好的超级计算机都无法解决的问题，新一代量子计算机的速度将比目前的超级计算机快亿亿亿倍。杭州应以未来科技城为主要集聚区，把杭州打造成为国内量子通信、量子计算研发和产业化的重要基地。

（2）加快发展智能感知产业。大力发展传感器产业，建设集研发设计、生产制造、系统集成、示范应用、标准推广于一体的智能感知产业链体系。加强传感器微型化研发制造、物联网信息安全等技术研发，推动传感器/节点/网关等核心制造业高端化发展。积极引入 GPS、CMOS[①]等高端传感器企业，加强传感器企业与智能装备企业的交流合作，完善传感器产业链。推进人脑芯片、仿生计算机等人工智能技术

---

① CMOS 是 complementary metal oxide semiconductor（互补金属氧化物半导体）的缩写。

的前期研发，实现智能传感器技术向具有记忆和思维能力、学习和自适应能力、行为决策能力的升级跨越，抢占人工智能技术制高点。打造以红外传感器、新兴传感器、传统传感器、国外高精尖传感器等四大产业集聚区块为基础的钱江国际传感谷。

2. 加快重点领域智能产品创新

（1）进一步做大做强智能安防产业。以海康威视等龙头企业为引领，以"杭州数字安防产业集群"为基础，顺应安防产业集成化、网络化、智能化的发展趋势，加快发展智能安防产业。突出智能化重点，突破和完善关键技术和核心模块，整合物联网技术、云存储技术和多级视频联网共享平台，通过大数据技术实现视频图像模糊查询、快速检索、精准定位等。重点研发推广关键区域高灵敏性周界防入侵报警系统、智能识别系统等项目，推广基于"安防云"的家庭云安防服务的应用。以高新区（滨江）为核心，打造全国"智慧安防"产业集聚和引领示范区。

（2）提高智慧家居研发生产水平。促进移动设备、嵌入式设备、云业务运营服务平台在智慧家居产业发展中的作用，研发生产具有互联网后台支撑、具备自学习功能的智慧家居产品体系。以智能照明系统、电器控制系统、智能家电为重点发展家电智能控制系统，以综合能源管理、高效暖通空调系统、太阳能与节能设备为重点发展家庭能源系统。以余杭区和杭州经济技术开发区为重点，打造全国智慧家居产业集聚区。

（3）积极推进智能汽车发展。推动杭州互联网龙头企业开发智能汽车操作系统，与国内汽车制造企业形成互联网+汽车战略合作，促进车联网产业发展。建成并完善智能路网基础设施，实现示范区5G网络全覆盖，通过开展车-人、车-路、车-车协同示范，建立集智能汽车、智慧交通、5G等宽带移动互联网为一体的示范区。在大江东产业集聚区主要开展智能汽车研发与生产,在高新区(滨江)重点打造"智慧交通云"平台,在余杭区重点推进车联网技术研发及其产业化,在西湖区重点推进云栖小镇 5G 车联网的试点应用。

3. 积极推进终端产品智能化

(1)加快发展高端移动智能终端产品和服务。围绕生命健康、环保、智能制造等领域,大力发展生命信息检测仪器、生态环境检测仪器、高端物理测试仪器等智能检验检测仪器和设备,逐步形成智能检验检测仪器的完整产业链。在智能移动终端、可穿戴设备产品、智能家居产品、智能交通电子信息产品、智能医疗设备、智能轻工消费品等领域开展智能产品制造与服务试点示范。重点推动医疗机器人、健康检测仪器在远程医疗、数字化医疗、专家会诊等领域的应用,搭建健康医疗信息平台,运用云存储和大数据分析技术提供辅助诊断。以高新区(滨江)为核心,以钱江传感谷、萧山、临安、桐庐等县(市)为重点,打造高端移动智能终端产品和服务产业集聚区。

(2)打造可穿戴设备产业链。加速智能穿戴设备与生命健康、智能制造、IT 的融合,提升可穿戴设备低功耗设计和研发水平,在智能人机交互技术及产品应用上建立特色优势。综合利用新型显示技术、交互技术、大容量电池新技术、超微型传感器技术,推进新产品和新应用的发展。建设和完善可穿戴设备创新载体和公共技术服务平台,围绕娱乐动漫、医疗健康、运动健身等应用领域,研发具有规模商业应用的可穿戴产品,积极开发其他特种用途智能可穿戴产品,形成具有一定特色和国际影响力的可穿戴设备产业链。以高新区(滨江)和余杭区为重点,打造可穿戴设备创新与应用集聚区。

(3)大力发展机器人智能化产业。重点发展具有视觉、触觉和力觉的智能机器人控制系统,开发机器人相关的核心算法,包括运动控制技术、多关节轨迹规划技术、机器视觉技术、自主导航定位技术,突破新型传感器与智能仪器仪表、自动控制系统、工业机器人等感知、控制装置及其伺服、执行、传动零部件等关键核心技术,提高机器人成套系统集成能力。突破关键核心技术,提高服务机器人的智能水平、稳定性和适应性,在安防监控、家政服务、工厂巡检、健康照护、特种检测等领域研制具有自主知识产权的服务机器人。以高新区(滨江)、杭州经济技术开发区、大江东产业集聚区为重点,打造机器人产业发展集聚区。

四、加快培育杭州人工智能产业制高点的对策

1. 创新人工智能产业发展模式

(1)实施人工智能产业超越发展计划。围绕深度学习、量子计算、机器翻译、人脑研究等人工智能重点领域,启动实施人工智能产业超越发展计划。将人工智能重点领域的突破性技术创新列入杭州市科技创新"十三五"规划,立足当前需求,着眼超前需求,组织骨干力量,集聚全社会优势资源,尽快在人工智能核心技术研发和产业化方面取得重大突破,并积极探索"设定任务、公开招标"等组织方式和支持模式创新,切实加大技术研发和产业化力度。

(2)推行人工智能产业示范试点。依托智能安防、机器人等基础较好的产业,大力开展人工智能产业示范试点工作,探索人工智能产业超越发展新模式。根据人工智能产业的技术特点、市场需求和产业关联程度,制订差异化的示范试点方案。加大对具有自主知识产权的智能产品的政府采购力度,为示范试点产业的发展提供产品与服务的优先应用。及时发布人工智能产业发展景气指数,快速掌握示范试点产业发展的态势,并动态调整试点方案。

(3)整合做强人工智能产业链。以市场需求为导向,推动形成以大企业为主导的人工智能产业链整合模式,引导和激励中小企业参与人工智能产业的发展。引导龙头企业和中小企业之间开展协作分工、

交流合作，延伸产业链，促进人工智能产业的配套支撑产业和协作体系的发展。瞄准抢占人工智能产业链高端环节，超前培育和扶植人工智能产业的生态化发展，支持具备条件的大企业通过跨国合作和跨国经营，以提升杭州市人工智能以及相关信息产业的国际竞争力。

2. 加强人工智能技术创新

（1）形成人工智能技术自主知识产权。加强人工智能产业创新体系的顶层设计，制定人工智能产业发展的技术路线图，整合各种资源，形成创新合力。高度重视计算机视觉、智能语音处理、生物特征识别、自然语言理解、智能决策控制以及新型人机交互等人工智能关键技术的研发和产业化。注重围绕人工智能产业自身发展的重大需求，选定关键的技术和领域，通过政府投入引导人工智能产业的重大技术协同攻关。站在专利池战略和标准竞争战略高度制定人工智能产业的自主创新路径，通过专利池运作和标准平台打造自主创新高地。

（2）组建人工智能产业技术创新战略联盟。充分利用浙江大学、杭州电子科技大学等高校在人工智能基础研究领域的优势，结合阿里巴巴、海康威视等龙头企业的研发和产业化实力，组建人工智能产业技术创新战略联盟，引导联盟核心成员通过战略协同，提升人工智能产业的核心竞争力。积极推动产业链上下游的中小企业参与产业技术创新战略联盟，提高联盟的产业链覆盖程度。创新联盟的组织方式与治理机制，形成联合攻关、协同创新的良好局面。

（3）建设人工智能技术创新服务平台。高度重视人工智能创新基础设施建设，充分利用技术研发、计算平台、海量数据等优势资源，大力支持人工智能跨学科重大创新平台建设。着力对具有"准公共产品"属性的人工智能共性技术和支撑技术进行研发，扶持相关研发企业和科研院所组建人工智能共性技术平台和技术支撑研发平台，促进人工智能在信息经济领域技术研发、成果转化、知识产权保护等方面的应用。建立科技中介网络服务平台,为其创造市场需求,助力人工智能产业链的培育与完善。

3. 加强人工智能产业发展的政策扶持

(1)设立人工智能产业基金。以政府引导基金注入,引导建立人工智能产业基金,运用项目孵化、投资、并购整合等运作方式,带动民营企业投资和撬动金融机构投资,支持处于初创期、成长期、成熟期等阶段的人工智能企业创新发展。在人工智能产业企业资质认定、技术创新支持等方面,适当降低准入门槛,使人工智能产业领域的中小企业能够享受到政策优惠。

(2)发挥财税政策作用。综合运用财税等政策手段,充分发挥财税政策的引导作用,营造良好的人工智能产业的财税环境。认真落实财税优惠政策,研究制定相关的配套政策措施,用足、用好、用活优惠政策。认真宣传并贯彻落实企业研究开发费用税前加计扣除的税收政策,强化对政策落实情况的监督检查,引导对人工智能产业加大研发投入。为人工智能产业重大技术产业化项目和科技成果转化项目提供贴息支持等,引导和扶持人工智能企业积极开展自主创新活动。对人工智能企业从事技术开发、技术转让和与之相关的技术咨询、技术服务等取得的收入,经技术合同登记机构认定并报主管税务机关审核同意的,免征营业税。人工智能企业进口所需的自用设备及相关技术(含软件)、配套件、备件,符合国家税收优惠政策的,免征关税和进口环节增值税。

(3)建立多元化投融资机制。努力拓宽融资渠道,形成金融机构、民间资本广泛参与的投融资模式。支持信用担保机构对属于人工智能领域的企业提供贷款担保,探索知识产权质押贷款等贷款方式,对符合条件的人工智能产业发展项目、人工智能产业基础设施建设优先提供信贷支持。优先支持符合条件的人工智能产业企业在国内外资本市场上市直接融资，支持尚不具备上市条件的人工智能产业企业在场外交易市场挂牌融资。支持人工智能产业领域的未上市企业开展股权转让试点，拓宽创业投资退出渠道。优先推荐符合条件的人工智能企业发行企业债券、公司债券、短期融资券和中期票据等。

（4）促进人工智能产业集聚发展。结合特色小镇、众创空间等新型产业集聚区的建设，培育一批创新能力强、创业环境好、特色突出、集聚发展的人工智能产业示范基地，延伸产业链。制订人工智能产业项目优先供地计划，优先安排与人工智能产业建设相关的重大项目新增建设用地指标，对与人工智能产业相关的基础设施建设给予重点扶持，引导人工智能产业集聚发展。

（5）加快引进和培养创新人才。鼓励企业、高校、研究机构积极引进和培养与人工智能相关的技术研发与产业化高端人才。指导高校对相关人才培养模式及培养方案进行改革和优化，为人工智能产业的发展提供有力的人才支撑和智力支持。支持企业与高等院校、科研院所、培训与咨询机构合作，对与人工智能有关的技术研发、市场推广、服务咨询等方面的人才进行岗位培训与职业教育。大力支持阿里、大华、银江股份等领军企业到海外建立研发中心和产业基地，创新科技合作模式，智力引进与本地吸收相结合，积极主动整合和利用全球人工智能创新资源，创建国际"智力引擎"。积极探索制定个税减免等优惠政策，吸引全球人工智能优秀人才来杭州创新创业，加快培育人工智能产业的骨干企业和创新团队。

参 考 文 献

安筱鹏. 2008. "全球产业技术革命视野下的信息化与工业化融合"之一准确把握历史前进方向是引领时代发展的根本保障[J]. 中国信息界,（2）: 30-31.
蔡跃洲, 陈楠. 2019. 新技术革命下人工智能与高质量增长、高质量就业[J]. 数量经济技术经济研究, 36（5）: 3-22.
蔡自兴. 2016. 中国人工智能40年[J]. 科技导报, 34（15）: 12-32.
陈光勇, 张金隆. 2003. 网络经济时代的组织结构变迁分析[J]. 中国地质大学学报（社会科学版）,（4）: 31-34.
陈柳钦. 2007. 专业化分工深化与产业集群演进[J]. 市场营销导刊,（2）: 24-27.
陈庆江, 杨蕙馨, 焦勇. 2016. 信息化和工业化融合对能源强度的影响——基于2000—2012年省际面板数据的经验分析[J]. 中国人口·资源与环境, 26（1）: 55-63.
付沙. 2008. 利用信息技术增强企业竞争优势[J]. 科技和产业, 8（6）: 15-17.
龚炳铮. 2008. 信息化与工业化融合的评价指标和方法的探讨[J]. 中国信息界,（8）: 52-56.
郭庆然. 2009. 我国网络营销发展的战略构想[J]. 未来与发展, 30（3）: 13-17, 39.
金江军. 2007. 解读各地软件人才政策[J]. 软件工程师, 10（9）: 27-30.
金江军. 2009. 两化融合的理论体系[J]. 信息化建设,（4）: 9-12.
郎晶华. 2018. 假新闻特点及对策研究[J]. 新闻传播, 2019（14）: 12-13.
李恒毅, 宋娟. 2014. 新技术创新生态系统资源整合及其演化关系的案例研究[J]. 中国软科学,（6）: 129-141.
李欢, 游沙, 张耀辉. 2011. 知识产权保护、市场结构与跨国公司技术转移研究[J]. 中国城市经济,（20）: 278-279.
李琳. 2008. 供应商融资的影响因素及融资替代效应分析[J]. 求索,（12）: 18-20.
李玫. 2009. 基于竞争力的企业信息化评价指标体系研究[D]. 哈尔滨: 哈尔滨工业大学.
李毅中. 2008. 坚定不移地走中国特色新型工业化道路[J]. 求是,（20）: 25-27.
刘冰. 2006. "统计工作好做统计理论难学"新解[J]. 中国统计,（4）: 58.
刘佳. 2011. 信息化与工业化融合的制度保障研究[D]. 北京: 北京邮电大学.
刘立娜, 于渤. 2017. 后发企业的技术跨越微观机理——基于动态能力的作用分析[J]. 工业技术经济, 36（6）: 70-78.
刘炜, 夏翠娟, 张春景. 2013. 大数据与关联数据：正在到来的数据技术革命[J]. 现代图书情报技术,（4）: 2-9.
刘晓明. 1996. "双升级"现象与市场经济意识[J]. 统计与决策,（4）: 47.
吕永卫, 巴利伟. 2014. 基于精益六西格玛的质量管理改进实证研究[J]. 科技管理研究, 34（2）: 226-232.
马健. 2008. 产业融合：信息化推动新型工业化的战略选择[J]. 华东经济管理, 22（2）: 70-73.
毛弘毅, 张金隆. 2014. 多层次信息技术能力与组织竞争优势的研究[J]. 管理学报, 11（2）: 288-292.
任俊正, 付丽丽. 2009. 支撑装备制造业振兴：两化融合发展测评研究[J]. 经济与管理研究,

30（6）：89-93.

石赟，陈国青，蒋镇辉.2000.信息管理中的关键因素[J].中国管理科学，8（3）：64-70.

史炜，马聪卉，杨景，等.2010.50县市农村信息化发展情况调查[J].世界电信，23（10）：31-36，6.

陶长琪，齐亚伟.2009.融合背景下信息产业结构演化的实证研究[J].管理评论，21（10）：13-21.

王保云.2009.物联网技术研究综述[J].电子测量与仪器学报，23（12）：1-7.

王大林，杨蕙馨.2016.信息革命与新常态背景下的新产业生态系统[J].广东社会科学，（1）：15-25.

王国华，张勇波，王雅蕾，等.2014.微博意见领袖的类型特征与内容指向研究[J].电子政务，（8）：69-75.

王家乐.2016.2015—2016年度中国互联网领域十大风口行业核心数据报告：2015年网购市场B2C占比首超C2C[EB/OL].http：//china.cnr.cn/gdgg/20160119/t20160119_521164681.shtml，2016-01-19.

王金杰.2008.我国信息化与工业化融合的实现途径及其对策选择[J].山东省青年管理干部学院学报，（4）：103-106.

王晰巍，靖继鹏，刘铎，等.2010.信息化与工业化融合的关键要素及实证研究[J].图书情报工作，54（8）：68-72，80.

王宇凡，解颖奇，高雅，等.2019.基于物联网技术的智能物流成本分析——以京东智能仓储为例[J].中外企业家，（18）：72-73.

吴凤羽，许焱.2006.企业信息化与核心竞争力[J].中外企业家，（2）：81-83.

吴建南，孔晓勇.2008.信息技术、内部流程与组织绩效——面向中国某市级政府部门的实证研究[J].中山大学学报（社会科学版），48（3）：142-150，208.

吴胜武.2009.加快推进宁波工业化与信息化融合[J].宁波经济（三江论坛），（10）：14-16.

吴晓波，胡祥培，董志强.1994.信息技术与现代企业管理新范式[J].决策借鉴，（5）：41-42.

席丹，胥军.2004.将制造业信息化进行到底[J].中国制造业信息化，33（11）：12-13.

肖静华，宛小伟，谢康.2011.企业人力资源管理质量评价模型及实证分析[J].管理评论，23（8）：143-151.

肖静华，谢康，周先波，等.2006.信息化带动工业化的发展模式[J].中山大学学报（社会科学版），（1）：98-104，128.

肖静华，谢康.2007.企业IT应用水平评价模型与等级分析[J].中山大学学报（社会科学版），（5）：110-116，128.

谢康.2010.从信息技术文化的诠释推进课程改革[J].赣南师范学院学报，31（6）：46-48.

胥军.2008.中国信息化与工业化融合发展的影响因素及策略研究[D].武汉：华中科技大学.

徐险峰.2004.基于因特网的网络信息资源个性化服务研究[J].图书馆建设，（5）：62-64.

许光鹏，郑建明.2011.推进信息化与工业化融合的策略和对策研究[J].新世纪图书馆，（10）：3-6.

杨学山.2008.解读工业化与信息化的融合[J].数码世界，（8）：11-12.

杨洎.2014.中国两化融合通信标准战略关键影响因子分析[J].西安邮电大学学报，19（6）：96-100，110.

尹睿智. 2010. 我国信息化与工业化融合理论及其测评体系研究[D]. 天津：天津大学.
尤骁. 2015. 推动区域工业化与信息化融合的影响因素研究[D]. 南京：南京大学.
余伟萍，崔苗. 2003. 经济全球化下基于企业能力的价值链优化分析[J]. 中国工业经济，（5）：42-47.
张彬. 2010. 家族企业治理模式研究[J]. 中小企业管理与科技（下旬刊），（11）：37-38.
张戈，邵云霞. 2011. 企业信息化与工业化融合影响因素实证研究：以山东省为例[J]. 山东经济，27（5）：146-151.
张劲. 2010. 在信息化与工业化融合中构建西部现代产业体系[J]. 天府新论，（3）：36-39.
张康之，向玉琼. 2014. 美国的智库建设与MPP教育[J]. 中国行政管理，（9）：106-111.
张堃. 2012. 集团客户综合资源管理系统研究[J]. 信息通信，（5）：259-260.
张群洪，刘震宇，严静，等. 2009. 一种改进的自组织映射树算法及在组织关系分类中的应用[J]. 系统工程理论与实践，29（7）：86-96.
张爽，张阳. 2006. 知识型企业员工的知识创新能力模糊评价体系[J]. 统计与决策，（20）：160-162.
张星. 2012. 天津市制造业信息化与工业化融合综合评价和影响因素分析[D]. 天津：天津大学.
郑晔，钟昌标. 2002. 信息网络对区域经济发展影响的机制分析[J]. 数量经济技术经济研究，（12）：85-88.
中国经济信息社. 2019. 2018-2019中国物联网发展年度报告[R]. 北京：中国经济信息社.
周宏仁. 2008. 信息化在中国的发展[J]. 北京邮电大学学报（社会科学版），10（6）：1-9.
周鹏. 2011.企业IT治理机制构建研究[J]. 信息系统工程，（6）：49-50.
周青，武健. 2018-12-18. 推进"标准化+浙江制造"参与"一带一路"建设[N]. 浙江日报，（7）.
周振华. 2008. 工业化与信息化的互动与融合[J]. 中国制造业信息化，（2）：18-19.
朱婧. 2012. 基于结构方程模型的山东省企业信息化与工业化融合影响因素研究[D]. 济南：山东财经大学.
Amiri M, Zandieh M, Yazdani M, et al. 2010. A variable neighbourhood search algorithm for the flexible job-shop scheduling problem[J]. International Journal of Production Research, 48(19): 5671-5689.
Brandimarte P. 1993. Routing and scheduling in a flexible job shop by tabu search[J]. Annals of Operations Research, 41(3): 157-183.
Brucker P, Schlie R. 1990. Job-shop scheduling with multi-purpose machines[J]. Computing: Archives for informatics and numerical computation, 45(45): 369-375.
Chan F T S, Wong T C, Chan L Y. 2006. Flexible job-shop scheduling problem under resource constraints[J]. International Journal of Production Research, 44(11): 2071-2089.
Dauzère-Pérès S, Paulli J. 1997. An integrated approach for modeling and solving the general multiprocessor job-shop scheduling problem using tabu search[J]. Annals of Operations Research, 70: 281-306.
Fiss P C. 2011. Building better causal theories: A fuzzy set approach to typologies in organization research[J]. Academy of Management Journal, 54(2): 393-420.
Fransman M. 2010. The New ICT Ecosystem: Implications for Policy and Regulation[M]. Cambridge:

Cambridge University Press.

Garey M R, Johnson D S, Sethi R. 1976. The complexity of flowshop and jobshop scheduling[J]. Mathematics of Operations Research, 1(2): 117-129.

Gök A, Waterworth A, Shapira P. 2015. Use of web mining in studying innovation[J]. Scientometrics, 102(1): 653-671.

Hall B L, Hsiao E Y, Majercik S, et al. 2009.The impact of surgeon specialization on patient mortality: Examination of a continuous herfindahl-hirschman index[J]. Annals of Surgery, 249(5): 708-716.

Hurink J, Jurisch B, Thole M.1994. Tabu search for the job-shop scheduling problem with multi-purpose machines[J]. Operations-Research-Spektrum, 15(4): 205-215.

Kacem I, Hammadi S, Borne P. 2002. Pareto-optimality approach for flexible job-shop scheduling problems: Hybridization of evolutionary algorithms and fuzzy logic[J]. Mathematics and Computers in Simulation, 60(3/4/5): 245-276.

Kapoor R, Agarwal S. 2017. Sustaining superior performance in business ecosystems: Evidence from application software developers in the iOS and android smartphone ecosystems[J]. Organization Science, 28(3): 531-551.

Mastrolilli M, Gambardella L M. 2000. Effective neighbourhood functions for the flexible job shop problem[J]. Journal of Scheduling, 3(1): 3-20.

Mercan B, Göktaş D. 2011. Components of innovation ecosystems: A cross-country study[J]. International Research Journal of Finance and Economics, (76): 102-112.

Moore J F. 1999. Predators and prey: A new ecology of competition[J]. Harvard Business Review, 71(3): 75-86.

Moslehi G, Mahnam M. 2011. A Pareto approach to multi-objective flexible job-shop scheduling problem using particle swarm optimization and local search [J]. International Journal of Production Economics,129(1): 14-22.

Nuzzolo A, Comi A.2016. Advanced public transport and intelligent transport systems: New modelling challenges[J]. Transportmetrica A: Transport Science, 12(8): 674-699.

Pope N F. 1980. Problems and potentials of linking acquisitions and circulation systems[J]. Library Acquisitions: Practice & Theory, 4(1): 5-11.

Ragin C C. 2000. Fuzzy-Set Social Science[M]. Chicago: University of Chicago Press.

Rajkumar M, Asokan P, Anilkumar N, et al.2011. A GRASP algorithm for flexible job-shop scheduling problem with limited resource constraints[J]. International Journal of Production Research, 49(8): 2409-2423.

Schneider C Q, Wagemann C. 2012. Set-Theoretic Methods for the Social Sciences: A Guide to Qualitative Comparative Analysis[M]. Cambridge: Cambridge University Press.

Shaw D R, Allen T. 2018. Studying innovation ecosystems using ecology theory[J]. Technological Forecasting and Social Change, 136: 88-102.

Suseno Y, Laurell C, Sick N. 2018, Assessing value creation in digital innovation ecosystems: A social media analytics approach[J]. The Journal of Strategic Information Systems, 27(4): 335-349.

Teece B L, George S C, Brock G A. 2018. Stromatolite construction, biofacies and biomarkers in the lower Cambrian hawker group, arrowie basin, South Australia[J]. ASEG Extended Abstracts,

2018(1): 1-6.

Tung L F, Li L, Nagi R. 1999. Multiple-objective scheduling for the hierarchical control of flexible manufacturing systems[J]. International journal of flexible manufacturing systems: Design, Analysis and Operation of Manufacturing and Assembly Systems, 11(4): 379-409.

Wang L, Wang S, Xu Y, et al.2012. A bi-population based estimation of distribution algorithm for the flexible job-shop scheduling problem[J]. Computers & Industrial Engineering, 62(4): 917-926.

Wang S Y, Wang L, Xu Y, et al.2013. An effective estimation of distribution algorithm for the flexible job-shop scheduling problem with fuzzy processing time[J]. International Journal of Production Research, 51(12): 3778-3793.

Wang X J, Gao L, Zhang C Y, et al. 2010. A multi-objective genetic algorithm based on immune and entropy principle for flexible job-shop scheduling problem[J]. The International Journal of Advanced Manufacturing Technology, 51(5/6/7/8): 757-767.

Wei F F, Cao C Y, Zhang H P. 2011. An improved genetic algorithm for dual-resource constrained flexible job shop scheduling[J]. International Journal of Simulation Modelling, 20 (1): 201-211.

Weill P, Woerner S L. 2013.The next generation enterprise: Thriving in an increasingly digital ecosystem[J]. MIT Sloan Management Review, 56(4): 27-34.

Yoo Y, Henfridsson O, Lyytinen K. 2010. Research commentary—the new organizing logic of digital innovation: An agenda for information systems research[J]. Information Systems Research, 21(4): 724-735.

Youndt M A, Subramaniam M, Snell S A. 2004, Intellectual capital profiles: An examination of investments and returns[J]. Journal of Management Studies, 41(2): 335-361.